KLAUS KIERMEIER
Wie's war im Dachauer Land

KLAUS KIERMEIER

Wie's war im Dachauer Land

Photographien aus vergangener Zeit

Unter Mitarbeit von
Paul Brandt und Helmut Thon

DRUCKEREI UND VERLAGSANSTALT »BAYERLAND« ANTON STEIGENBERGER
8060 DACHAU · KONRAD-ADENAUER-STRASSE 19

Herausgeber:	Druckerei und Verlagsanstalt »Bayerland« Anton Steigenberger, 8060 Dachau Konrad-Adenauer-Straße 19	Hersteller:	Fritz Hammerschmid
		Buchbinderei:	Grimm & Bleicher, München
Gestaltung:	Klaus Kiermeier, Josef Mertl		

Alle Rechte der Verbreitung (einschl. Film, Funk und Fernsehen) sowie der fotomechanischen Wiedergabe und des auszugsweisen Nachdrucks vorbehalten.

Satz, Druck: Druckerei und Verlagsanstalt »Bayerland« Anton Steigenberger

Lithographien: Druckerei und Verlagsanstalt »Bayerland« Anton Steigenberger
Lidl, München

© Druckerei und Verlagsanstalt »Bayerland«
Anton Steigenberger, 8060 Dachau, 1979
Printed in Germany
ISBN 3-9800040-7-4

Fotoreproduktionen: A. Kitzberger, Hebertshausen
Foto-Sessner, Dachau

*Auf der vorhergehenden Buchseite ein Paar in Dachauer Tracht, herausgeputzt
für die Festzugsabordnung anläßlich des 70. Geburtstages Sr. Kgl. Hoheit des
Prinzregenten Luitpold von Bayern am 12. März 1891.*

Bilder Bucheinband:

*1908 feierte der Markt Dachau sein 1100jähriges Bestehen.
Das Photo des Titels zeigt eine Trachtengruppe des Festzuges
in der Münchner Straße.*

*Mit eingespannter Chaise, mit Schaukelpferd und Leiterwagerl
stellten sich die Bewohner des Schlammer-Anwesens von Rettenbach um 1907
dem Photographen (Rückseite).*

Einleitung

In diesem Buch sind über zweihundert alte Photographien aus dem Dachauer Land abgebildet, die der Autor ausgewählt und zusammengestellt hat.
Die Aufnahmen sind Teil einer umfangreichen Sammlung des Verlages, die in mehrjähriger Arbeit entstand. Viele Bilder stammen aus den Photoalben alteingesessener Familien, die diese Kostbarkeiten bereitwillig zur Verfügung stellten.
Ab etwa 1850, über die Jahrhundertwende hinweg, bis ungefähr 1930, also innerhalb eines Zeitabschnittes von acht Jahrzehnten, entstanden diese Photos.
Im gleichen Zeitraum wurde aus dem ursprünglichen Landgericht Dachau zunächst das Bezirksamt, das Anfang der dreißiger Jahre in Landratsamt umbenannt wurde. Aus dem Landrichter wurde der Amtsrichter und für die Verwaltungsaufgaben war als der vom Staat bestellte Leiter, der Bezirksamtmann zuständig, der spätere Landrat.
Die vorgenommene Bildauswahl beschränkt sich nicht nur auf Photos aus dem damaligen Amtsbezirk Dachau, sondern sie erstreckt sich auch auf angrenzende Gemeinden, die heute zum Dachauer Landkreis gehören. So entstand ein Bilderbogen zu einem altbairischen Amtsbezirk und seiner Umgebung.
Das Landgericht bzw. Bezirksamt Dachau war von den Landgerichten bzw. Bezirksämtern München I, Bruck, Friedberg, Aichach, Schrobenhausen, Pfaffenhofen und Freising umschlossen.
Um 1845 betrug sein Flächeninhalt 8,108 Quadratmeilen. 1927 umfaßte das Bezirksamt Dachau 438,41 Quadratkilometer. Die Bevölkerung zählte um das Jahr 1845 etwa 18 296 Seelen. Um 1927 war sie auf etwa 31 656 Bewohner angewachsen.
Die Photos dieses Bildbandes verlebendigen nicht nur die vergangene Zeit, sondern sie spiegeln auch zugleich das Werden der praktisch anwendbaren Photographie.
Heute ist fotografieren ein für jedermann selbstverständlicher Vorgang. Im vorigen Jahrhundert aber war diese Erfindung eine Sensation.
Die Methode, durch eine optische Linse Licht auf eine mit lichtempfindlichen Chemikalien beschichtete Platte zu leiten und so den Augenblick im Bild festzuhalten, vermochte Auge und Hand des Malers zu ersetzen, der bislang allein imstande war, mit Pinsel und Stift den Menschen und seine Umwelt abzubilden.
Die ältesten Aufnahmen dieses Buches entstanden noch unter schwierigen Bedingungen. An den Ergebnissen erkennt man oft das Ringen des Photographen mit der Tücke des Gerätes und auch für die Abzubildenden war der Vorgang höchst umständlich.
Trotzdem ist die Qualität der Bilder und vor allem ihr Erhaltungszustand erstaunlich und spricht für das Können der alten Lichtbildner.
In der zweiten Hälfte des vorigen Jahrhunderts entwickelte sich die Kameratechnik rapid und schon um 1900 gab es eine beachtliche Anzahl von Amateurphotographen.
Mit dem Aufkommen der Rollfilmgeräte und der serienreifen Kleinbildkameras vor 1930 war die grundlegende Entwicklung der heutigen Fotoapparate praktisch erreicht. In der Folge wurden diese Geräte eigentlich nur noch verfeinert.
Die Bildaussage dieses Buches kann, bedingt durch das zur Verfügung stehende Material, keinen umfassenden Eindruck des Lebens der damaligen Zeit vermitteln. Sie ist aber sicherlich aussagekräftig genug, um schlaglichtartig die verschiedensten gesellschaftlichen, wirtschaftlichen, sozialen, kulturellen und religiösen Verhältnisse anzureißen.
Leider gibt es nicht zu allen Abbildungen vollständige Quellen. Oft konnte niemand mehr über die längst von uns gegangenen Menschen und die alten, heute nicht mehr stehenden Gebäude in allen Einzelheiten Auskunft geben.
Diese photographischen Zeitdokumente spiegeln Mensch und Alltag im Dachauer Land zwischen Moos und Hügelland, Amper und Glonn. Ähnlich wird das Leben in anderen Bezirken Altbaierns ausgesehen haben.
Eine das Werk ergänzende Zeittafel stellt allgemeine Weltereignisse Geschehnissen in Bayern und im Dachauer Land gegenüber.

Schuhmacher und Landwirt Simon Hutter und seine Familie im Jahre 1910. Hutter schuf in Großberghofen ein privates Heimatmuseum. Neben dem Hutter-Haus ist der Ziehbrunnen zu erkennen.

Die kleinbäuerliche Einhausanlage des Bertold-Anwesens »Beim Reindl« in Vierkirchen lichtete der Photograph im Jahre 1909 ab. Sie vereinigt Wohnraum, Stall und Stadel in einem Gebäude.

Die Anwesen verschiedener Bevölkerungsschichten: ein einfaches Tagwerkerhäusl, wie es nicht nur im Moos zu finden war, und unten das Wohnhaus des Vollbauern »Beim Roach« in Großberghofen.

Eingezwängt zwischen den Gebäuden des Oberen Markts in Dachau, das Bürger- und Handwerkerhaus der Hällmayr'schen Rotgerberei (rechts). Unten der ländliche Adelssitz, die Schloßanlage Unterweikertshofen der Grafen von Hundt. Diese Aufnahmen dürften zwischen 1900 und 1920 entstanden sein.

Die Dachauer- oder Ampertracht war nicht nur die Bekleidung der bäuerlichen Bevölkerung — auch in Bürgerkreisen trug man sie gerne. Unten ein Gruppenbild Dachauer Bürgerstöchter, aufgenommen anläßlich der 1100-Jahr-Feier in Dachau. Die ledigen Mädchen trugen Schürzen und Häubchen aus weißem Batist mit blauen Seidenbändern.

Das rechte Bild gibt im Gegensatz dazu die prächtige Dachauer Frauentracht wieder.

Etwas unauffälliger als die der Frauen ist die Dachauer Männertracht durch die dunkleren Farben und die Nüchternheit des Schnitts. Angezogen wie der Landwirt und Weber Michael Schlagenhauser (1821 — 1900) aus Eisenhofen zeigten sich die Mannerleut. Er trägt den berühmten Dachauer Hut aus Samtvelours oder Haarfilz mit einer breiten Krempe (Bild links).

Hauptmerkmale der Dachauer Frauentracht: der Bollnkidl (ein Tragmiederrock aus acht bis neun Metern Stoff, in vier bis sechs Zentimeter tiefe Falten gelegt), das verzierte Mieder, der schildförmige Brustfleck und das Schleierhäubchen.
Die Bilder oben und unten rechts vermutlich 1908, das Photo unten links etwa 1866.

Sogar bei Festen am Hof galt es als »chic«, Dachauer Tracht zu tragen. Für die Maler, die im 19. Jahrhundert ins Dachauer Land kamen, war sie ein begehrtes Motiv. Die Aufnahme rechts unten wird auf die Zeit um 1840 datiert. Das linke Bild dagegen zeigt eine Aichacher Frauentracht, wie sie auch im nördlichen Gebiet des Dachauer Landes getragen wurde.

Die Dachauer Männertracht: lange, schwarze Lederhose, Samtweste mit Silberknöpfen, darüber der Kirchen- oder G'vatterrock. Ein besonderes Merkmal waren die damals schon nicht billigen Faltenstiefel. Die Stiefelfalten waren unterschiedlich gearbeitet. Eine besonders raffinierte Faltenform fertigte der Schuhmacher Hutter aus Großberghofen an. Auf dem Foto jedoch sind deutlich die bis etwa 1880 üblichen Wadlstiefel erkennbar.

*Im oberen Bild die Familie des Anwesens »Beim Roach« in Großberghofen.
Die Frauen zeigen sich in Aichacher Tracht, zu der typisch die Barthaube oder
das Kopftuch gehörten.
Darunter eine Stammtischrunde der Bauern von Biberbach in Faltenstiefeln.*

*Ursprünglich stachen die Bauern nur für den Eigenbedarf Torf.
Der großangelegte Abbau begann nach 1800, als die Brauereien den Torf als
billiges Brennmaterial entdeckten.
Nach schwerer körperlicher Arbeit und Anstrengung war zum Feierabend ein sich
bietender Anlaß zu einem wohlverdienten Umtrunk willkommen.*

*Flüchtig betrachtet vermitteln die beiden Bildseiten, deren Photos um etwa 1920 entstanden, einen recht idyllischen Eindruck.
Wie etwa der Schweinehirt im Moos (links unten) oder die gemütliche Brotzeit auf dem Torfkarren (rechts oben).*

Das Leben in einem Holzhaus (links oben) und die Arbeit am Torfstich (rechts unten) waren für die Betroffenen alles andere als romantisch. Gestochen wurde der Torf in den Monaten April und Mai, also vor der Heuernte. Den ganzen Sommer über mußte er mühsam zum Trocknen umgeschichtet werden.

22

*Die Burschenschaft von Bergkirchen nannte sich »Vivat«.
Recht zünftig schienen die jungen ledigen Herren gewesen zu sein.*

*Günding von Norden her gesehen. Heute verdecken hohe Bäume das
Gotteshaus des Haufendorfes (Bild links oben).*

*Einer der sechs Kolonenhöfe der Siedlung Dahauua, die von Maiern
bewirtschaftet worden sind: der Wengerhof in Mitterndorf. Die Aufnahme entstand
vermutlich um die Jahrhundertwende (Bild links unten).*

Die vier »Buam« aus dem »oberen« Feldgeding lichtete Georg Pfeil aus Bergkirchen um 1915 ab.

1914 postierten sich, fein herausgeputzt in blütenweißen Spitzenkrägen, Feldgedinger »Deandln« vor der aufrollbaren Hintergrundkulisse.

*Die ersten Skifahrer in Feldgeding im sieben- oder achtundzwanziger Jahr.
Im Hintergrund ist Bergkirchen zu erkennen.*

*Rauhreifstimmung an der Amperbrücke bei Mitterndorf;
festgehalten im Jahre 1929.*

»Luft anhalten, nicht rühren...« Für die damaligen Photomodelle war es sicher nicht immer leicht, während der langen Sekunden der Belichtungszeit unbeweglich auszuharren. Man sieht es der Familie Zull aus dem Hartmann-Anwesen in Deutenhofen an, wie sie sich anstrengt. Die Aufnahme entstand Anno Domini 1890.

*Eröffnung des Mitterndorfer Schulhauses zu Oberndorf, Gemeinde Günding, 1910.
Den ersten Jahrgang der siebenklassigen Schule belegten 125 Schüler im
Alltagsunterricht und 46 Schüler im Sonntagsunterricht. Die Baukosten betrugen
48000.— Mark.*

Das Gemeinderatskollegium von Ried bei Indersdorf um 1900.

Landwirtschaftliche Haushaltungsschule Indersdorf
November bis April 1925

Die Schulkinder von Arnbach mit Lehrer Aichmüller im Jahre 1905.

Um 1890 stellten sich die Schüler aus Großberghofen zum Erinnerungsphoto auf. In der Mitte Pfarrer Johann Baptist Immler und Lehrer Michael Zimmermann.

Die Mariensäule von Schönbrunn ist eine Nachbildung der Münchner Mariensäule. Unter der Säule befindet sich ein Brunnen. Die photographische Ablichtung ist in der Zeit zwischen 1863 und 1884 entstanden.

Gräfin von Buttler-Clonebough, Schloßherrin von Haimhausen, kaufte 1861 das Schloß Schönbrunn und stiftete es zur Einrichtung eines Heimes für Behinderte. Die 1862 eröffnete Assoziationsanstalt besteht noch heute. Gräfin Buttler starb 1902 im hohen Alter von 91 Jahren.

Die im alten Hofmarksschloß untergebrachte Anstalt im Jahre 1878.

Rechts oben das Dorf Schönbrunn vor 1898. Die beiden Anwesen (Droschlhof, Lenzbauernhof) wurden von der Anstalt Schönbrunn aufgekauft und in den Jahren 1898 und 1899 abgebrochen.

Im rechten Photo unten die ersten Ordensschwestern der Anstalt und einige geistliche Herren, darunter Mutter Ursula Kanzler und ihr leiblicher Bruder, Sebald Kanzler, der Vorstand der Anstalt (1863 bis 1884).

Das Gotteshaus St. Peter in Ampermoching. Im Kirchfriedhof fand die »Doktorbäurin« Amalie Hohenester 1878 ihre letzte Ruhestätte.

Viele überlieferte Sagen ranken sich um Gotteshäuser und Kirchtürme im Dachauer Land. Rechts die Kirche von Wiedenzhausen mit ihrem hohen Barockturm.

37

Fast schloßähnlichen Charakter haben die alten Pfarrhöfe von Jarzt (links) und Einsbach (rechts).

Der Einsbacher Pfarrhof stand unter Denkmalschutz, mußte aber 1956 wegen Baufälligkeit abgebrochen werden.

Kirche und Pfarrhof in Kollbach um 1900.

*Innenansicht der St.-Michaels-Kirche in Langenpettenbach um 1914.
Der Hochaltar wurde Anfang der zwanziger Jahre umgestaltet.*

Um 1922 wurde die Kirche in Röhrmoos erweitert. Das Bild dürfte zur Hebauf entstanden sein.

Zur Erinnerung an die Einweihung der Pfarrkirche zu Giebing (1902) schuf man die abgebildete Postkarte. Wie aus dem Stenogramm in der alten Gabelsberger-Kurzschrift hervorgeht, verschickte der Herr Kooperator — verbunden mit familiären Mitteilungen — im Auftrag des Pfarrers von Giebing diese Karte.

Feierliche Prozession in Kreuzholzhausen um 1927.

Die Primizfeier von Benediktinerpater Claver (bürgerlich Hans Grahammer) 1909 in seiner Heimat Eisenhofen. Der Geistliche wirkte als Lehrer in St. Ottilien. In seiner Freizeit war er ein engagierter Amateurphotograph. Pater Claver starb 1940 während er die Orgel spielte.

Um die Jahrhundertwende ließen sich die Neuhäuslersöhne vor dem elterlichen Anwesen mit ihren Velozipeden ablichten. Rechts im Bild Johannes Neuhäusler, der spätere Weihbischof der Erzdiözese München-Freising.

Ganz Etzenhausen schien auf den Beinen gewesen zu sein, als Geistlicher Rat Franz Xaver Taubenberger am 29. April 1922 neue Glocken für die Filialkirche St. Laurentius weihte. Im Welschhof wartete der Photograph, um das Ereignis festzuhalten. »*Im festlichen Zuge führten die Etzenhausener am letzten Samstag ihre zwei neuen Glocken heim. Bei Gastwirt Hupfloher in Augustenfeld nahmen sie die Gemeindeangehörigen in Empfang. Als Herr Bürgermeister Welsch, welcher die Glocken in Erding selbst holte, dort mit dem Gespann eintraf, wurde der Wagen schön dekoriert. Unter Musikklängen der Gesellschaftshauskapelle ging es durch den Markt Dachau nach Etzenhausen. An der Spitze des stattlichen Zuges ritten 14 Reiter, dann kamen die Schuljugend, die Musikkapelle, die Freiw. Feuerwehr Etzenhausen, und der Kathol. Burschenverein Etzenhausen mit flatternden Fahnen, einige Chaisen mit der Gemeindevertretung und der Geistlichkeit und den Festjungfrauen. Daran anschließend kam der schön gezierte Wagen mit den Glocken, welcher von 4 prächtigen Pferden gezogen wurde und den eine Anzahl weißgekleideter Mädchen begleitete. Den Schluß bildeten wieder Reiter. Beim Festzug durch Dachau sammelte sich überall eine stattliche Zuschauerschar, die sich an dem schönen, festlichen Anblick erfreute*«, *berichtete der Chronist.*

Erinnerungsbild an die Glockenweihe 1897 in Großberghofen.

Hochzeit feierte man am 16. 1. 1897 »Beim Tüchler« in Oberaugustenfeld. So stellte sich das Brautpaar Anna und Josef Pscherer dem Photographen.

Durch die Fluren von Schmarnzell bewegte sich um 1926 dieser lange, prächtige Hochzeitszug.

In der festlichen Tracht, gekleidet als Braut, Bräutigam und Brautjungfer, hatten diese jungen Dachauer die Ehre, an der Festzugs-Deputation anläßlich des 70. Geburtstages von Prinzregent Luitpold von Bayern, 1891, teilzunehmen.

*Ein sommerliches Landschaftsbild aus alten Tagen:
Troadmandl im Dachauer Hügelland.*

*Die Glonn trat oft über ihre Ufer und überschwemmte weite Teile von Indersdorf.
Dieses Bild wurde 1926 aufgenommen.*

*Kartoffelernte 1926. Die Familie Huber mit ihrem Gesinde
auf dem Feld in Glonn bei Indersdorf.*

*Zur Fahnenweihe im Juni 1894 präsentierte sich
der Markt Indersdorf in festlichem Schmuck.*

An »Schmalz« schien es diesen Burschen nicht zu fehlen, wie die hochgekrempelten Ärmel beweisen. Etwa 1918 ließen sich diese Mitglieder des Turnvereins Indersdorf verewigen.

Der Sattler gehörte früher zu den unentbehrlichen Handwerkern. In seiner Werkstatt entstand Zug-, Arbeits- und Kutschgeschirr, Leder-, Zaum- und Sattelzeug. Das Photo zeigt die ehemalige Sattlerei Andreas Spann in Indersdorf.

Der zweirädrige Gig mit seiner »1-PS-Anspannung« war ein schnelles und bewegliches Fahrzeug. Auf dem Bild der »Veitbauer« aus Ottmarshart um 1920.

Das »Kohlbauer«-Anwesen in Langenpettenbach um 1920.
Das Stallgebäude links trug das letzte Strohdach im Ort.

Eine »kreuzwehige« Arbeit: der mühsame Ernteschnitt mit der Sense.
Bei Eisenhofen vor gut 50 Jahren entstand dieses Bild.

*Eine unbekannte Familie in Tracht, vermutlich aus dem Raum Röhrmoos.
Häufig wurden die alten Photos auf Karton geklebt, um sie stabiler zu machen.
Auf der überstehenden Pappe war Platz für den Reklameeindruck des
Photographen, »dem berufsmäßigen Hersteller von Lichtbildern«.*

Früher gang und gäbe: ein Ochsengespann, hier vor dem Anwesen »Beim Scharl« in Röhrmoos im Jahre 1929.

So sah es im Dachauer Hügelland zur Getreideernte aus, als noch keine Erntemaschinen im Einsatz waren.

Ansichtskarte aus dem Jahr 1914.

Feierabendstimmung beim »Bärerbauern« in Edenholzhausen. Eine Aufnahme aus den zwanziger Jahren.

Zur Erntezeit ließ sich diese Bauernfamilie ablichten. Eine Photographie um 1905.

Holzfuhrwerke bei Durchsamsried auf dem Weg zum Sägewerk um 1910.

*Die Fuhrwerke des Bauern Sedlmaier aus Durchsamsried;
beladen mit Braugerste auf dem Weg nach Mariabrunn.*

Zur Erinnerung an den grossen Brand in Schönbrunn
am 29. October 1899.

*Eine gesellige Runde in Schönbrunn 1911. (Bild links unten). Auf dem Photo
links außen darauf der Photograph G. Beinrucker aus Ziegelberg,
der sich damals schon als »Photoreporter« betätigte und die Brandkatastrophe
in Schönbrunn im Bild oben festhielt.*

*Zu den wenigen Bauernhäusern mit barockem Scheingiebel im Bezirk zählte einst
das Schmied-Anwesen in Amperpettenbach.*

*Prächtig gestaltet ist das Wohnhaus des Hofes »Beim Kuttenthreuer«
in Westerndorf. Beide Aufnahmen dürften um 1900 entstanden sein.*

*Leonhardifahrten haben auch im Dachauer Land Tradition. Haus- und
Stallsegen erbat man sich vom Schutzpatron und Roßheiligen St. Leonhard.
Der Leonharditag 1925 in Pasenbach.*

*Zünftig und fidel feierten die Biberbacher 1914 die Fastnacht.
Sie fühlten sich aber schon als echte »Carnevalisten«, wie die Tafel zeigt.*

Italienische Arbeiter in der Ziegelei Seitz, Esterhofen, gruppierten sich 1906 vor der Kamera.

*Das dampfbetriebene transportable Sägewerk des »Hanslbauern« von Esterhofen.
Die Aufnahme entstand um 1909.*

Der »Hanslbauer« Anton Seitz mit seinem Gesinde um 1905.

*Eine technische Leistung im Jahre 1901:
Verschiebung eines Steinhauses in Petershausen.*

Eines jener typischen Lichtbilder, die in der damaligen Zeit auf dem Lande vielfach gemacht wurden. Der Ökonom mit seiner Familie, dem Gesinde und allem Herzeigenswerten.

Die Familie Bertold aus Vierkirchen im Jahr 1876. Stellvertretend für viele andere Bilder sind hier einmal die einzelnen Personen mit ihren Geburtsjahren aufgeführt: Im Hintergrund stehend von links nach rechts Andreas (1855), Thomas (1858). Mittlere Reihe von links nach rechts Josef (1868), Andreas (1822), Therese (1831), Katharina (1860), Therese (1866). Im Vordergrund Johann (1871).

Zur ... Veteranen Fest
in VIERKIRCHEN
am 16 Juli 1897

*Mit dem Bosch'nwagen fuhren die »alten Kämpfer«
zum Veteranenfest nach Vierkirchen.*

*Am 12. Juni 1904 beging der Veteranen- und Soldatenverein Vierkirchen
seine Fahnenweihe.*

*Josef und Kreszenz Krimmer, »Veitbauern« aus
Ottmarshart, um 1895.*

»Beim Schneidermarta«, die Familie Limmer aus Alberzell 1894.
Achtzehn Kinder hatten die Limmers. Ein Kinderreichtum, der früher keine
Seltenheit war.

Josef und Katharina Engelmann aus dem Einödhof Holzböck bei Weichs um 1880.

Jagdgesellschaft in Weichs an Pfingsten 1906 vor der Strecke.

Strohgedecktes Haus in Etzenhausen um 1905.

Rasieren und ein flotter Haarschnitt gefällig? Szenen aus dem »Freiluftsalon« des Dorfbaders Josef Weber »Beim Bachschuster« in Aufhausen 1929.

Ein Mittertennbau im alten Etzenhausen. Die Tenne mit dem Froschmaul trennte den Wohnteil vom Stall.

*Photomontagen waren sehr beliebt. Hier eine montierte Ansichtskarte von 1910.
Im Vordergrund einzelne Gruppen von Velozipedfahrern, im Hintergrund
Ampermoching.
Das Versenden von Ansichtspostkarten war übrigens damals
eine weitverbreitete Übung. 1870 brachte ein gewisser A. Schwarz die erste
Ansichtskarte mit dem aufgedruckten Bild eines Kanoniers heraus.
Um 1900 kamen die Künstlerpostkarten auf. Das Druckverfahren gestattete
die Massenproduktion und auch die ortsansässigen Photographen stellten
fleißig Ansichtskarten her. Die Ansichtspostkarte war groß in Mode gekommen
und so schickte man sich oft schon aus dem nichtigsten Anlaß einen Kartengruß,
häufig sogar nur ins Nachbardorf.*

*Alois Muckenthaler war bis 1890 als Förster im Dienst
bei Graf von Spreti in Unterweilbach. Das Bild dürfte von 1880 stammen.*

Erinnerungsbild an die Fahnenweihe des Burschenvereins Prittlbach, 1908.
Rechts oben.

Das »Bürgermeister«-Anwesen in Rumeltshausen um 1905. Rechts unten.
Der kleine Anbau, »Stüblausbau« genannt, beherbergte gewöhnlich die Austragsleute.

Das Hofmarksschloß Deutenhofen um die Jahrhundertwende.
Der inzwischen total umgestaltete Bau birgt heute ein Kreisaltenheim. Bild unten.

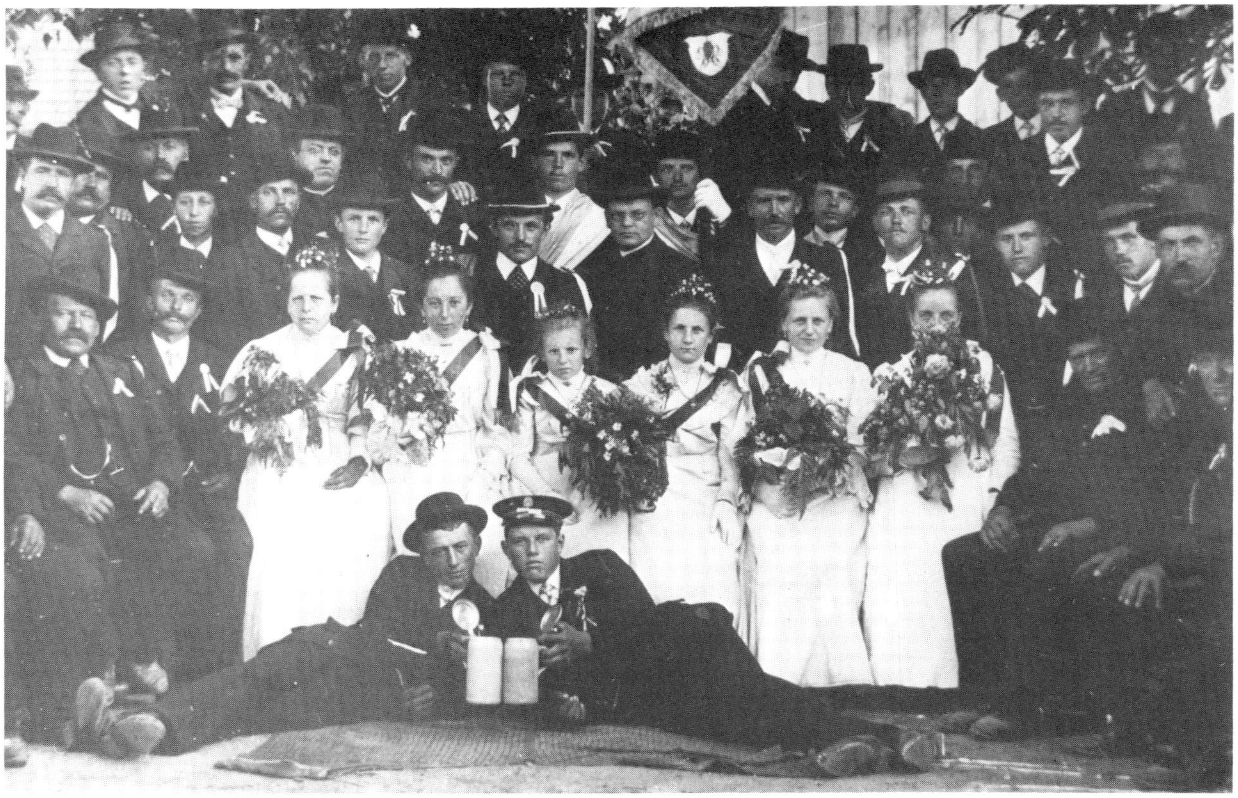

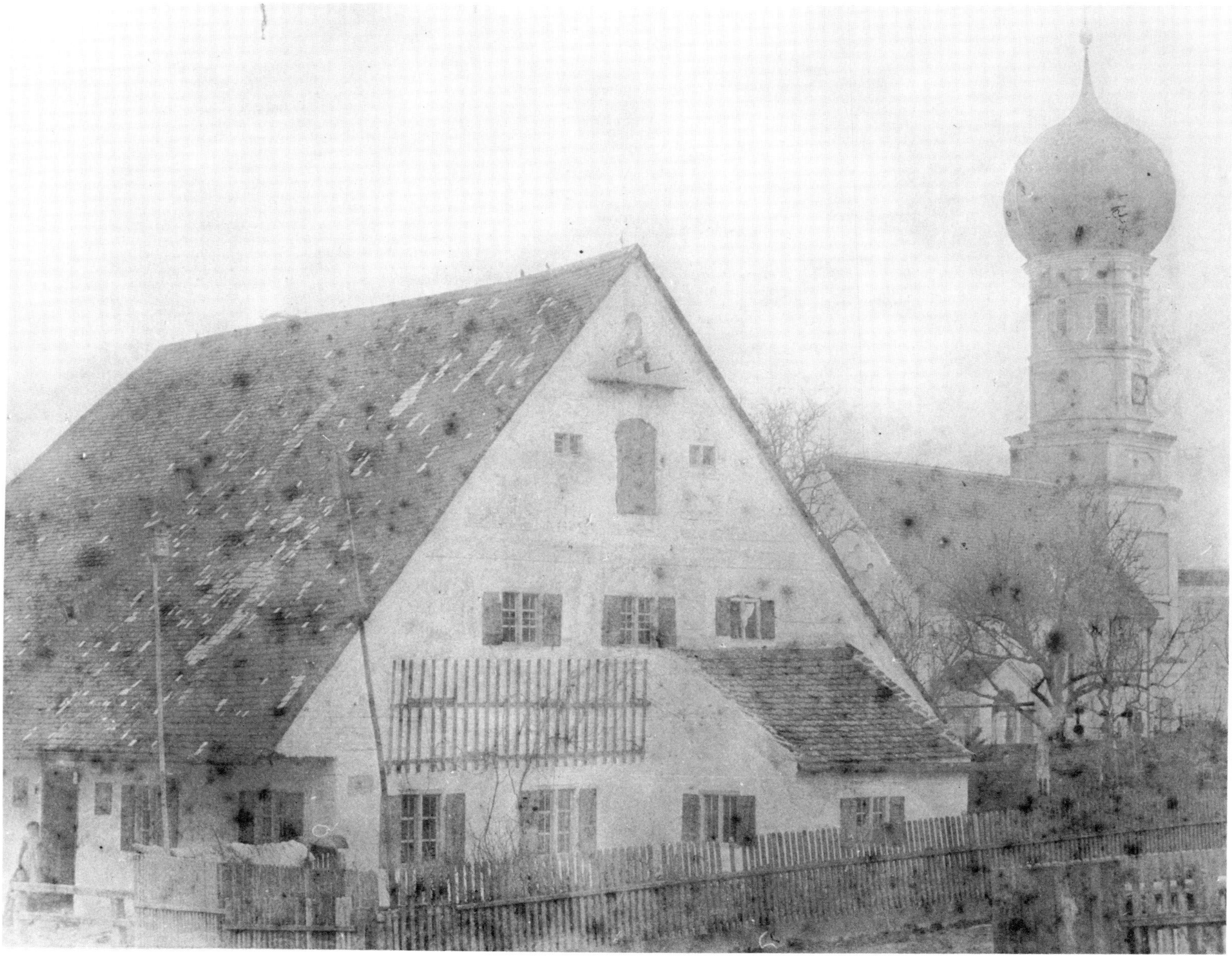

»Beim Wimbauer« in Roßbach um 1913.

*Das Schloß Odelzhausen vor 1930. Durch den Umbau unter den
Grafen von Minucci (nach 1720) wurde es zum prachtvollen Barockschloß.
Von dieser Anlage steht heute nur noch ein kleiner Teil.*

*Mit seinen Rössern und dem Eisenpflug zieht um 1920 ein Bauer
aus St. Johann bei Sixnitgern die Ackerfurche.*

Die Bauernfamilie Westermayr aus Oberroth vor 1890.

Strohgedeckte Häuser in Lauterbach. Das letzte im Landkreis Dachau mit Stroh gedeckte Haus brach man in Pasenbach 1971 ab.

Der »Scharlbauer« von Röhrmoos hoch zu Roß um 1914.

*Die Kunst des Hufbeschlages mußte gelernt sein.
Am Lehrkurs der Hufbeschlagschule nahm auch der junge Lutz
aus Welshofen teil.*

Ein Bild der Huf- und Wagenschmiede des Lorenz Lutz von Welshofen.

Welche »Schmankerl« werden im Kriegsjahr 1916 wohl gekocht worden sein?

85

*Johann Pfundmair aus Miegersbach und seine Frau Rosina heirateten 1860.
Aus dieser Zeit dürfte auch dieses Photo stammen.*

Die Tafernwirtschaft in Erdweg um 1914. Der Bau mit seinen spätgotischen Schwalbenschwanzzinnen hat bis heute fast unverändert die Zeit überdauert.

Der Schmied und der Wagner gehörten zu den wichtigsten Handwerksberufen auf dem Lande. Im Blickfeld die Schmiedegesellen, bevor sie den eisernen Radreifen auf den Radkranz aufziehen.

Richtig zuag'langt wurde unter Anleitung des Maurers (links außen) zu Großvaters Zeiten. Alle halfen mit, um auf der eigens aus Holzbohlen errichteten Mischplatte Sand und Kalk zu Mörtel oder Kies und Zement zu Beton zu mischen.

Das Anwesen »Beim Schmid« in Großberghofen ist heute bereits abgerissen.

Dampf- und Dreschmaschine ersetzten den Dreschflegel. Auf dem Bild der Bauer mit dem Gesinde des »Staffler«-Anwesens in Großberghofen um 1900.

Auf dem Postweg von München nach Augsburg bildeten Schwabhausen und Eurasburg die Mittelstationen zum Pferdewechsel für die Postkutschen. Erst um 1922 löste die »Kraftpost« die Pferdekutsche ab. Das Photo aus der Zeit des Ersten Weltkriegs zeigt den Postillion Balthasar Schröppel und den Postboten Albert Raucher.

Als schneidiger Postillion präsentiert sich hier Balthasar Schröppel.

Im Schichtbetrieb betreuten Stationsvorsteher Hauber (links) und sein Ablöser Neumeier den Bahnhof Esterhofen. Das Photo zeigt sie mit ihren Familien um 1900.

Ein Eisenbahnunglück bei Petershausen auf der Strecke München — Dachau — Ingolstadt, die 1867 eröffnet wurde.

Die »berühmteste« Nebenbahn Bayerns im Jahre 1929 mit der heute noch bestehenden Brücke unterhalb des Petersbergs. Über eineinhalb Jahrzehnte stritten sich die rivalisierenden Märkte Dachau, Indersdorf und Altomünster um die Trasse. Ein Machtwort von höherer Stelle beendete den Zwist mit dem Ergebnis einer recht merkwürdigen Streckenführung im Zickzackkurs. Dieser Hader brachte der Bahn dann auch literarischen Ruhm ein, über den die Betroffenen anfänglich keineswegs »entzückt« waren. Kein Geringerer als Ludwig Thoma setzte dem Alto-Expreß und seiner Entstehungsgeschichte mit der Komödie »Die Lokalbahn« 1902 ein Denkmal. Wenn Thoma auch damals schon nicht mehr in Dachau lebte, so hatte er hier doch genügend Jagdfreunde, die ihm Einzelheiten zutrugen. Im Heimatblatt »Amper-Bote« finden sich aus jenen Jahren Zeugnisse über die »Fehden« zwischen Dachau und Indersdorf.

Bei der Notlandung eines Flugzeuges wegen Spritmangels lief um 1912 ganz Röhrmoos zusammen.

Stolze Automobilbesitzer: der in Glonn gebürtige und in Altomünster praktizierende Arzt Dr. Peter Dichtl und seine Frau im Pkw, der »Wackerle« genannt wurde.

1907 erwarb Schloßbesitzer Haniel von Haimhausen das erste Automobil.
Kaspar Väth, vordem Kutscher und Stallmeister im Schloß, avancierte zum
Chauffeur und hatte den ersten Führerschein in Haimhausen.

Der Haniel'sche Reisewagen.

James Haniel von Haimhausen mit seiner Familie am Springbrunnen des Schloßparks um 1900.

*Der 1893 zum Haniel von Haimhausen geadelte
James Haniel kaufte 1892 das Schloß Haimhausen und wurde Nachfolger
der Grafen Buttler-Clonebough. Er starb 1904.*

Hoher Besuch auf dem Weg nach Schloß Haimhausen um 1900.

Mitglieder des Bayerischen Landtags Ende der zwanziger Jahre in Haimhausen. Dritter von links Edgar Haniel, der Neffe des James Haniel von Haimhausen, in der Mitte die Schloßherrin, Frau Hedwig Haniel von Haimhausen.

Die Familie von Haniel mit einer Jagdgesellschaft im Schloßpark Haimhausen um 1900.

Bedienstete vor dem Schloß Haimhausen. Dem prunkvollen Hofmarksschloß gab François Cuvilliés seine jetzige Gestalt.

Winterfreuden um 1905. Haimhauser Bürger beim Schlittenfahren.

*Das Militär genoß in der Zeit vor dem Ersten Weltkrieg hohes Ansehen.
Der Landadel stellte viele Offiziere. Hier einer der Grafen von Hundt mit
anmutiger Begleitung. Sitz der Grafen ist Schloß Unterweikertshofen.*

*Rudolf Graf von Hundt zu Lauterbach war in den Jahren 1889–94 und 1898–1912
als Rittmeister beim 6. Cheveauleger-Regiment in Bayreuth stationiert.
In seiner Freizeit war Graf von Hundt ein begeisterter Amateurfotograf.
Diese Aufnahme – vermutlich zeigt es die Einheit des Grafen –
entstand vor dem Markgräflichen Opernhaus in Bayreuth
auf der Opernstraße.*

Johann Sedlmeir.

Dachauer im Königlichen 15. Infanterie-Regiment 1907

Dachauer Reservisten vor 1900 in respektierlichem Arrangement; auf dem gegenüberliegenden Bild oben.

»Zur Erinnerung an die Dienstzeit« gab es für verschiedene Waffengattungen und Dienstgrade vorgefertigte Motivrahmen, worauf das Konterfei des jeweiligen Reservisten nurmehr aufgeklebt werden brauchte. Diese Tafel stammt aus der Zeit um 1884, sie zeigt Johann Sedlmeier aus Durchsamsried, der, wie ersichtlich, beim »2. kgl. bair. Inft. Regit. 12. Comp.« gedient hat.

Auf die fröhlichen und patriotischen Erinnerungsbilder an die Reservistenzeit unserer Großväter folgten mit Beginn des Ersten Weltkriegs ernste Bilder, die oft letztmals die ganze Familie zeigten. An Stelle vieler die Familie Wallner aus dem Anwesen »Beim Rienshofer« in Prittlbach.

Die Infanteristen hatten die Hauptlast des Krieges zu tragen.

Die »Kriegs-Bahnwache« von Röhrmoos 1914.

Um 1916 wurden in Röhrmoos russische Kriegsgefangene mit zur Heuernte herangezogen.

*Von Front und Etappe schickten die Soldaten Bilder in die Heimat.
Diese Karte aus dem Jahre 1915 zeigt einen Kriegsteilnehmer aus Ottmarshart
mit einem Kameraden und dem Quartierwirt im Elsaß.*

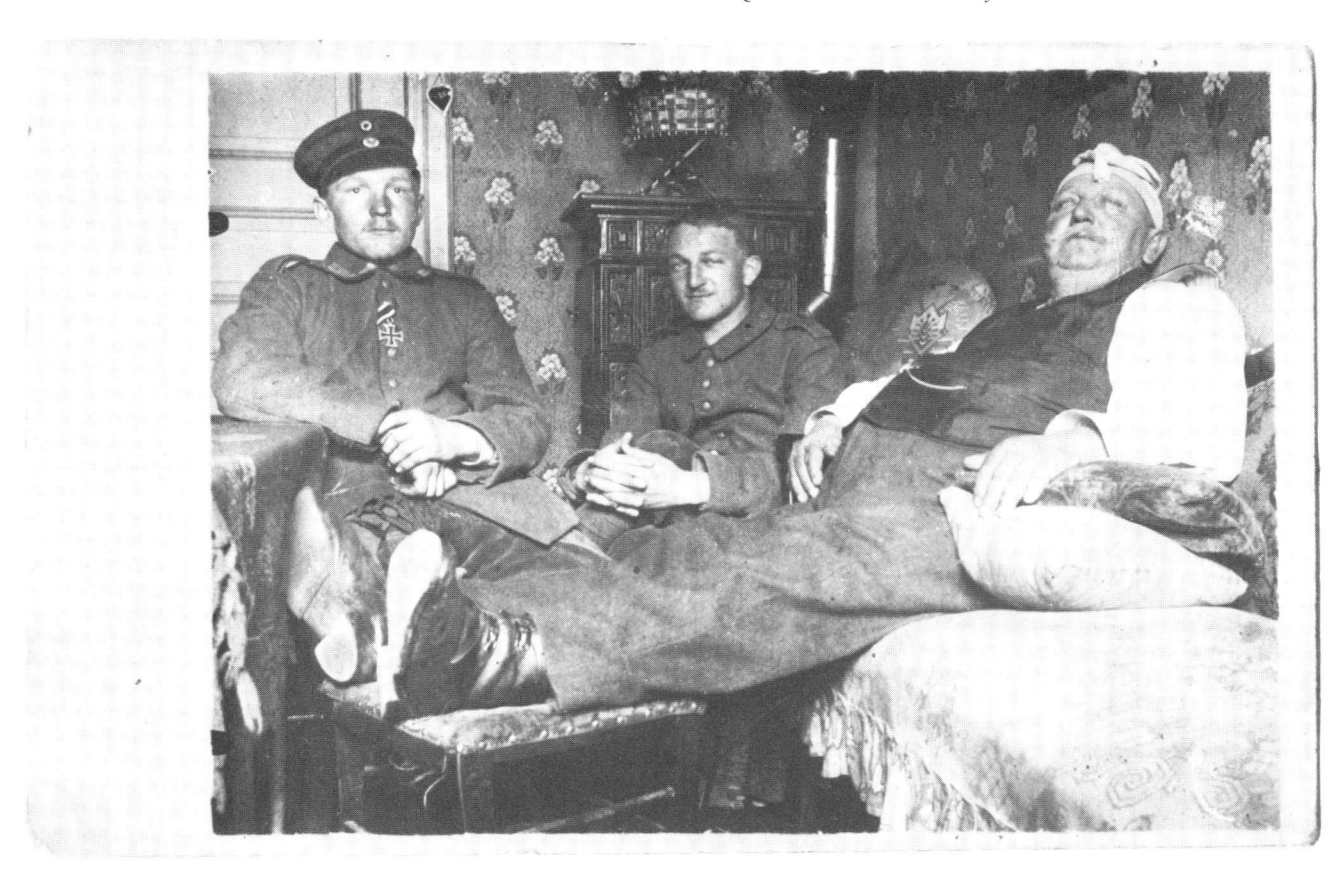

Feldpostkarte von der Front.

Ein kriegsgefangener »Franzmann« in Vierkirchen.

Von der anfänglichen Kriegsbegeisterung blieben bald nur noch Trauer und Schmerz. Aneinandergereihte Photos gefallener Dachauer Soldaten der ersten beiden Kriegsjahre 1914/1915.

*Sie haben die Grabenkämpfe und Zermürbungsschlachten überlebt.
Ein Erinnerungsbild an die Heimkehrerfeier am 7. Januar 1919 in Arnbach.*

*Enthüllung des Kriegerdenkmals und 25. Stiftungsfest des Veteranen- und
Kriegervereins Pellheim am 21. Mai 1922.*

*Im Jahre 1897 veröffentlichte Ludwig Thoma sein erstes Buch: »Agricola«.
Das Bild oben aus dieser Zeit zeigt ihn mit den Illustratoren dieser
Bauerngeschichten, dem Maler Adolf Hölzel und dem Karikaturisten Bruno Paul.*

*»Einem plötzlichen Einfalle zufolge« eröffnete Ludwig Thoma 1894
im Rauffer-Anwesen in der Augsburger Straße (Bildmitte unten) seine Kanzlei als erster
in Dachau niedergelassener Rechtsanwalt.*

*Ludwig Thoma blieb nur drei Jahre in Dachau. Dieser Aufenthalt
dürfte jedoch mitentscheidend für den Beginn seiner literarischen Tätigkeit
gewesen sein. Als Advokat hatte er beste Gelegenheit, Land und Leute
kennenzulernen. Vieles von dem was er sah und hörte, verwendete er in seinen
Werken. Thomas naturalistische Darstellungen in Romanen und
Bühnenstücken erfassen das Erdgebundene, Derbe, Herzhaft-Offene
und Hintergründig-Verschmitzte des Dachauer Menschenschlages. Seine
Dialektsprache ist besonders im Dialog von größter Lebensechtheit.
Die Verbindung zu Dachau ließ Ludwig Thoma auch nach seinem Weggang
nicht abreißen. Seine Jagdleidenschaft, in Kleinberghofen war er Jagdpächter bis
zu seinem Tod 1921, und die tiefe Freundschaft zu dem Maler und Bildhauer
Ignatius Taschner führten ihn immer wieder ins Dachauer Land.*

*Ludwig Thoma und sein Bruder Peter bei Schießübungen auf einem
Schießstand in Dachau.*

Seine Passion zur Jagd erbte Ludwig Thoma vom Vater, der Förster war. Dieses Bild zeigt den Dichter im Jagdrevier Unterweikertshofen mit dem gräflichen Förster Rupert Schmid.

Eine Jagdgesellschaft mit Thoma in Kleinberghofen vor der Gaststätte Rothenfußer.

Das um 1908 entstandene Bild zeigt von links Ludwig Thoma, den Münchner Zeitungsverleger Georg Hirth, Thomas Ehefrau Marion, Frau Taschner und den Bildhauer Ignatius Taschner (beide in Dachauer Tracht) und sitzend Frau Hirth.

Erster Klasse

Kaufmann Stüve aus Neuruppin	Max Baur
Assessor Alfred v. Kleewitz } Junges Ehepaar	Oskar Mirwald
Lotte v. Kleewitz } a. Norddeutschld.	Toni Hösler
von Scheibler, kgl. bayr. Ministerialrat	Hans Kalteis
Sylvester Gsottmaier, Ökonom	Georg Grahamer
Josef Filser, Ökonom u. Abgeordneter	Georg Einöder
Marie Filser, dessen Ehefrau	Maria Schulmayr
Ein Schaffner	Josef Burgstaller
Ein Zugführer	Franz Bichler

Die Handlung spielt in einem Eilzugkupee erster Klasse.
Ort: Oberbayern.

Spielleitung: **Max Baur** • Inszenierung und Bühnenbilder: 1. und 3. Stück: **A. Kallert u. C. O. Petersen**, 2. Stück: **K. Prähäuser**

München ab: Autobus: 17.20 18.20 19.20   **Bahn:** 17.27 18.15 18.50
Günstige Rückfahrtgelegenheit

Platzpreise: 1.20 1.— —.60   Platzvorausbestellung durch Anruf Dachau Nr. 30 oder Karte sehr empfehlenswert.

Ludwig Thoma-Gemeinde Dachau

Die Dachauer Ludwig-Thoma-Gemeinde machte sich die Pflege des Werkes von Ludwig Thoma zur Aufgabe. Glanzvolle Thoma-Aufführungen inszeniert die Gemeinde heute noch. Hier ein Ausschnitt aus dem Plakat sowie ein Szenenbild aus der Komödie »Erster Klasse« zu den Ludwig-Thoma-Spielen im Gesellschaftshaus Dachau im November 1932.

Berliner Illustrirte Zeitung. Nr. 32

Ein Malerparadies
Text und Bilder von Filip Kester

Im Malerparadies Dachau bei München:
Auszug zur Arbeit am frühen Morgen.

Auf schwierigen Wegen beim Suchen nach malerischen Motiven.

Vier Wegstunden von München entfernt, mit einem rüttelnden Vorortzug in einer halben Stunde zu erreichen, liegt der alte Marktflecken Dachau, — bekannt wegen der sprichwörtlich gewordenen Grobheit seiner Einwohner, wegen der eigenartigen Tracht der Dachauer Bäuerinnen und wegen der Rolle, die der Ort in der jüngeren deutschen Kunstgeschichte spielt. Von der Grobheit der Dachauer Bauern ist heute wenig mehr zu verspüren, — die Erfahrung, daß Höflichkeit Gewinn ist, hat die Dachauer jedenfalls zu einer frommeren Denkungsart bekehrt. Die eigentümlichen Kostüme der Dachauer Bäuerinnen mit den kurzen plissirten Röcken und den kurzen, reich mit Silber besetzten Jacken sind heute mehr auf Masken bällen und in Münchener Trödlerläden zu finden, als im Orte selbst. Geblieben nur ist der Einfluß, den Dachau als der Ausgangspunkt einer bestimmten künstlerischen Richtung, auf die Entwicklung der jüngeren deutschen Malerei geübt hat und andauernd weiter übt. Denn mit der sezessionistischen Bewegung in der deutschen Malerei ist die „Dachauer Schule" aufs innigste verknüpft. Ludwig Dill, wohl der bedeutendste unter den Dachauer Meistern, war es, der im Jahre 1892 an der Gründung der Münchener „Sezession" hervorragend beteiligt war und der später, als Präsident der „Sezession", noch viele Jahre lang als ihr führender Geist gelten konnte. Neben ihm repräsentiren besonders Adolf Hölzel, der allzu früh verstorbene Arthur Langhammer und in jüngster Zeit Hans von Hayek das Eigenartige der Dachauer Malkunst, die, aus dem Impressionismus herausgewachsen und mit den modernsten technischen Mitteln arbeitend, doch wieder mehr auf den Ausdruck des Persönlichen und auf die von den Impressionisten vernachlässigte dekorative Wirkung im Bilde hinstrebt. Die Frage liegt nahe, warum gerade Dachau zu dieser Rolle berufen war und warum der kleine Markt an der Amper heute zu einem Mekka der Maler aus allen Gauen Deutschlands geworden ist. Der Ort selbst, der auf

Bei der Arbeit.

Im Malerparadies Dachau: Eine Malschule beim Arbeiten nach dem lebenden Tier-Modell.

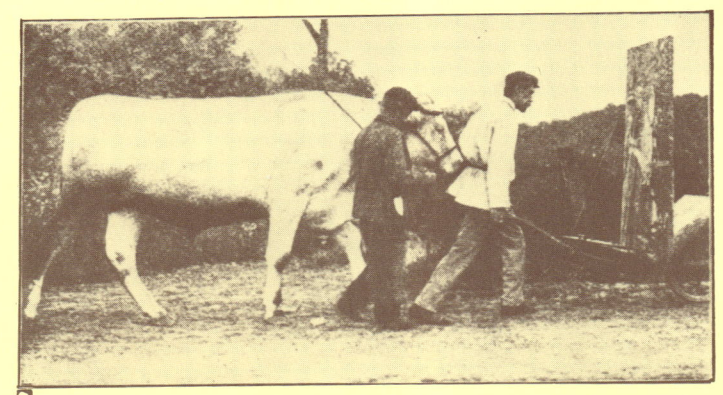

Nr. 32 — Berliner Illustrirte Zeitung. — 555

Dachauer Malerleben: Täglicher Auszug der Maler mit dem lebenden Modell.
Die Maler karren ihre angefangenen Kunstwerke selbst auf den Arbeitsplatz, weil sie sie niemand anvertrauen wollen.

eine Geschichte von vielen Jahrhunderten zurückblickt und der z. B. im dreißigjährigen Kriege zweimal von den Schweden erstürmt wurde, bietet wenig Bemerkenswertes. Auf der steilen Anhöhe, auf der das alte Dachau liegt, gruppieren sich die uralten niedrigen Häuser, durch schmale, holperige Gäßchen getrennt, um die Kirche, und etwas abseits erhebt sich, weithin sichtbar, das jetzt verlassene Schloß der einstigen bayrischen Kurfürsten, ein einfacher, weißgetünchter Bau, an den sich ein langgestreckter Garten mit wunderlichen Laubengängen reiht. Herrliche Aussichtspunkte bieten sich hier auf die weite sumpfige Ebene, die sich zu Füßen der Anhöhe ausdehnt, so weit das Auge reicht. Dies ist das „Dachauer Moos", jene von der Amper und von unzähligen kleinen Bächen und Kanälen durchzogene Moorlandschaft, die — trotz aller Schlichtheit ungemein reich an malerischen Motiven — eine Künstlerkolonie geradezu herbeilocken mußte. Hier in der Umgebung Dachaus also, in der von Feuchtigkeit durchtränkten, farbenprächtigen Moorlandschaft liegt der Zauber Dachaus begründet. Ein rein praktischer Grund, nämlich die Nähe einer Großstadt wie München, mag viel dazu beigetragen haben, daß Dachau als Studienplatz die Beliebtheit gewann, deren sich der Ort heute zu erfreuen hat. Allein etwas Besonderes kommt in Dachau noch hinzu: es ist jene eigenartige, gleichsam greifbare Atmosphäre, die über dem Torfmoor lagert, es ist jener hochgewölbte endlose Himmel, an dessen Rand Wolken auf Wolken erstehen, die sich in seltsamen Gebilden, ewig wechselnd, auseinander türmen, es ist jenes unvergleichliche Farbenspiel in der Natur, das zu den verschiedenen Tageszeiten durch den Wechsel des Lichts hervorgezaubert wird und das die Dinge bald in dieser, bald in jener Farbe schimmern läßt. Ueber dem weiten Dachauer Moor schwebt das, was man mit „Stimmung" bezeichnet, jenes Unsagbare, Undefinierbare, das die Seele ergreift. Wir finden es wieder in den Werken der Dachauer Meister.

Von Malern und solchen, die es werden wollen, wird Dachau heute viel besucht, und während der Sommer-Monate macht Dachau den Eindruck einer einzigen großen Malschule. Namhafte Künstler, die dort ihren dauernden Wohnsitz haben, vereinigen in diesen Monaten jeder eine Schar von Schülern um sich, unter denen das schöne Geschlecht in der Regel am stärksten vertreten ist. Ueberall in der weiten Ebene werden dann, riesigen Pilzen vergleichbar, die zum Schutze gegen die Sonne dienenden Schirme der Maler sichtbar. Mit dem Zweirad — die Entfernungen bedingen dies — macht der den Unterricht leitende Künstler die Runde bei seinen Schülern, um an den Arbeiten Kritik zu üben. Man würde sich täuschen in der Annahme, in Dachau vielleicht eine ausgelassene, in Geselligkeit schwelgende Künstlerkolonie anzutreffen. Gewiß fehlt es bei der täglichen Arbeit und im täglichen Leben nicht an erheiternden Zwischenfällen, an komischen Situationen und komischen Szenen, aber vor allem ist Dachau eine Stätte ernster Arbeit und ernsten Strebens.

Partie aus dem „Dachauer Moos".

Die „Malbuben" und „Malmädel", die die Malgeräte tragen.

Die Kritik.
Der Lehrer einer Malschule bei der Korrektur.

Auf dem Heimweg.
Phot. Koster.

Ein derart eindrucksvolles Photo kann nur einem Künstler gelingen.
Carl Thiemann photographierte diese Dachauerin im Alltagsgewand.

Professor Hermann Stockmann, der vor dem Ersten Weltkrieg auch als Gemeindebevollmächtigter Einfluß auf die Probleme des Marktes Dachau nahm, bemühte sich stets um die Verschönerung seiner neuen Heimat. Besonders am Herzen lagen ihm die »Dachauer Galerie«, die zur 1100-Jahr-Feier im Schloß eröffnet wurde, sowie das Bezirksmuseum, das 1905 im Dachauer Schloß entstand. Nicht nur die Pflege und den Erhalt der in den fünfziger Jahren ausgelagerten Museumsbestände, sondern auch die Wiedererrichtung des Heimatmuseums hat sich der Museumsverein in Dachau zur Aufgabe gemacht. Das untere Bild zeigt die Schlafkammer im ehemaligen Bezirksmuseum.

*Seit Ende des 14. Jahrhunderts zählte Dachau zu den wohlbefestigten Märkten.
Soweit nicht durch Schloß, Amper und die steile »Leithen« geschützt, war der Markt
von Wall und Graben umgeben. Dieser Befestigungsring hatte nur drei
Durchlässe: das »Münchner Tor«, das unterhalb des Lebzelterhauses am Karlsberg
stand, wurde beim Ausbau der Straße 1790 abgetragen; das »Freisinger Tor«,
das oberhalb der heutigen »Martin-Huber-Treppe« stand, brach man
1862 ab; das »Augsburger Tor« – hier im Bild – mußte 1891 einem Straßen-
erweiterungsprojekt weichen. Im Durchblick das 1885 errichtete
Bezirkskrankenhaus.*

*Alt-Dachau um 1900 von Norden her.
Im Jahr 1854 hatte der Markt 306 Gebäude, 1908 gab es schon 568 Hausnummern
und 1925 bereits 700 Häuser.*

Der Markt Dachau von Süden gesehen.
1852 hatte Dachau 1426 Einwohner (in 349 Familien), 1881 bereits 3085,
1895 zählte man 3890 Einwohner, 1905 5456 und 1925 gar 7107.

Der Schrannenplatz mit Birgmannbräu (links), Kirchenschule und Pfarrkirche St. Jakob mit der alten Westfassade, die 1926 wegen der Kirchenerweiterung abgebrochen wurde.

Die Augsburger Straße vom Schrannenplatz her gesehen.

*Blick vom Bezirksamt in die Freisinger Straße.
Die meisten Gebäude sind im wesentlichen bis heute so erhalten geblieben.*

*Die alte »Zohlstraßen am Khüberg« wurde 1790 in »Karlsberg« umbenannt,
nachdem Kurfürst Karl Theodor eine neue Trasse hatte anlegen lassen.*

*Blick in die Wieningerstraße von der Augsburger Straße her.
Vorne die Bäckerei Teufelhart.*

*1906 erwarb der Metzgermeister Ludwig Böswirth dieses 1812 erbaute Haus in der
Augsburger Straße. Das Foto entstand während des Ersten Weltkrieges.
Um beim Metzger einkaufen zu können, waren zu dieser Zeit Fleischmarken nötig.*

Marktstand mit dem Ehepaar Heigl vor dem Haus des Seilermeisters Regensburger in der Freisinger Straße (Bild oben), in dem Fanny Heigl ein Gemischtwarengeschäft und Andreas Ziegler einen Tabakladen betreiben. Im gleichen Gebäude befand sich später als Nachfolgerin der Heigls das Kolonialwarengeschäft der Emma Platzer (Bild unten).

Antonie Brandl, die Gattin des Korbmachers Josef Brandl, im Jahre 1910. Die hier im Bild zu sehenden Bauernkörbe waren eine Spezialität der Brandl'schen Korbflechterei, die sich im Birgmann-Anwesen befand. Die Körbe gab es auch bemalt. Auf den Münchner Künstlerfesten wurden die kleinen Körbchen gern gekauft, mit Süßigkeiten gefüllt, und den Damen ans Kleid gesteckt. Die Brandls betrieben die letzte Korbflechterei Dachaus bis zum Abbruch des Birgmann-Anwesens.

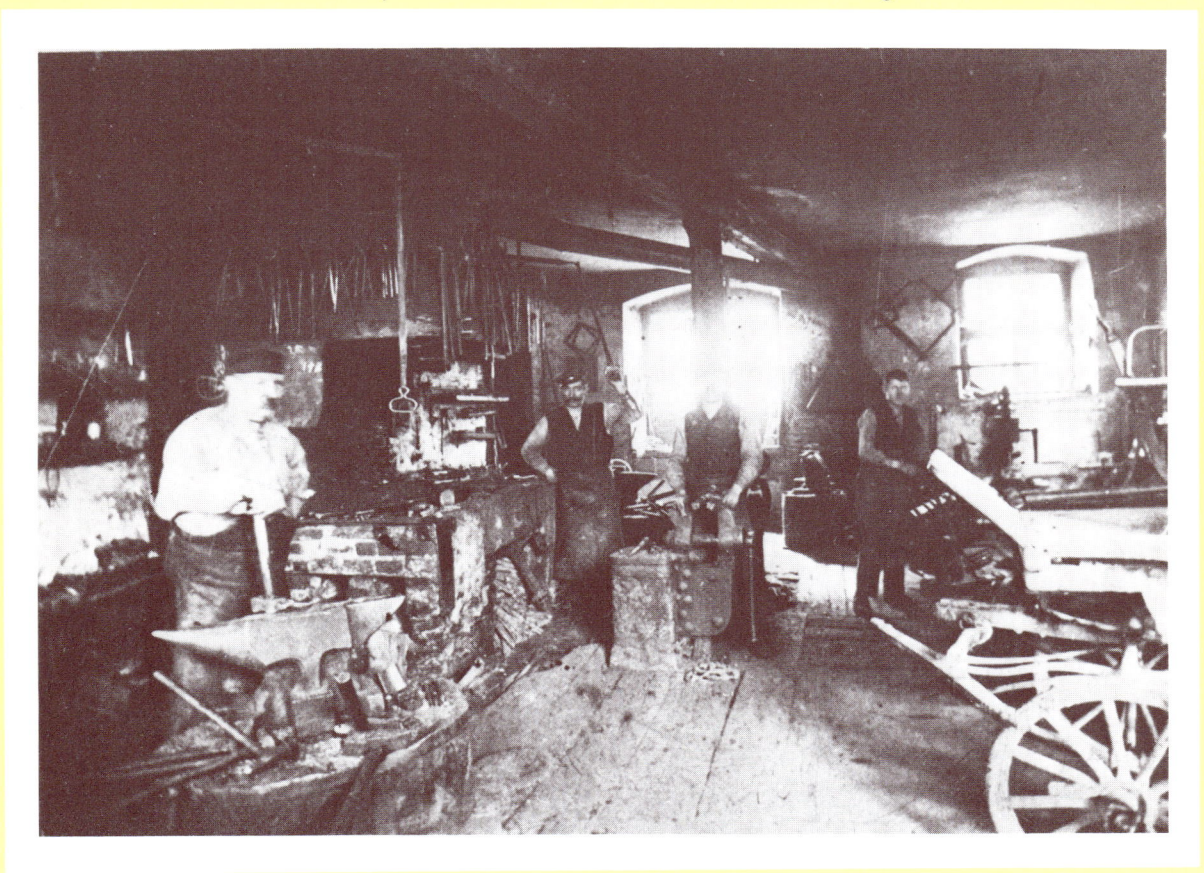

Die Besitzer der heute noch betriebenen Schmiede in der Klosterstraße lassen sich bis 1605 zurückverfolgen. Hier ein Blick in die Hardwig'sche Schmiede um 1905.

Der königliche Bezirksarzt a. D. Dr. Heinrich Engert, Ehrenbürger des königlichen Marktes Dachau, mit seiner Haushälterin, der »Doktor-Kathl«.

Während der Auseinandersetzung zwischen den »Weißen« (Regierungstruppen und Freikorps Görlitz) und den »Roten« (Truppen der Räteregierung) kam es am 30. April 1919 zu einem Gefecht. Die ehemals zwischen Krankenhaus und Webling freistehende Zieglerbehausung wurde dabei beschossen.

*Das Zentrum des Oberen Marktes mit Bezirksamt und Rentamt.
Der Marktbrunnen wurde in den Jahren 1788
bis 1792 aufgestellt. 1915 mußte er dem von Ignatius Taschner entworfenen
Brunnen weichen und steht heute bei der Jocherstraße.*

Schafkopfrunde Dachauer Handwerker im Jahre 1894. Vor dem Gartenhäusl des Wagnermeisters Josef Gerg in der Freisinger Straße trafen sich der Schuhmacher, Schlosser, Spengler, Maler und Sattler.

Blick in die obere Augsburger Straße – etwa vom Augsburger Tor aus. Links der »Unterbräu«, in dem sich von 1853 bis 1858 die Dachauer Postexpedition befand, rechts der »Kraisy-Wirt«.

*Blick aus dem Dachauer Hofgarten
ins Hinterland.*

*Dachaus Nachwuchs vor der 1883 errichteten Kinderbewahranstalt.
Die Mädchenschule daneben in der Klosterstraße wurde 1853 erbaut.*

Das alte Amperwehr am Fuße des Dachauer Kalkbergs.

Dachauer Schulbuben mit Lehrer Karl Feldigl um 1872.

Die 1865 errichtete Malzfabrik in der Freisinger Straße beim Abbruch.

Die Freisinger Straße vor 1927: im Hintergrund die Malzfabrik, links mündet die Wieningerstraße ein, in der Mitte das Anwesen Kliegel, auf dessen Höhe bis 1862 das Freisinger Tor stand.

Die Holzfassade des ehemaligen Spannraft-Anwesens an der Lederergasse, das 1928 abgebrochen wurde.

Die 1862 von Ingenieur Gustav Medicus gegründete »München-Dachauer Aktiengesellschaft für Maschinenpapier-Fabrikation« erwarb 1871 die schon im 10. Jahrhundert erwähnte »Steinmühle« und ließ hier die »untere Papierfabrik« entstehen. Die »obere Papierfabrik«, seit 1860 im Besitz von Medicus, befand sich in der Brunngartenstraße am Mühlbach.

Ein mit Seilen beladenes Fuhrwerk vor der »Hanf- und Drahtseilerei von Josef Romig« in der Augsburger Straße. Dieses Photo ist zwischen 1914 und 1920 entstanden.

Postkutsche vor dem »Birgmannbräu«, der 1971 abgerissen wurde.

*Einer der ersten »Sanka« in Dachau.
Links im Hintergrund ein Teil des alten Pfarrhofes.*

*Heilmeiers Fahrrad-, Nähmaschinen- u. Musik-Haus nach dem Ersten Weltkrieg
in der Augsburger Straße.*

»Den 16.6.04. Lieber Freund. Habe Deine lieben Karten erhalten und danke bestens dafür. Wir sitzen gerade beim Ziegler und trinken 1 Maß auf dein Wohl.« Neben »Ziegler's Brauhaus Gasthof« ist das alte Rathaus auf der im Original bunten Postkarte sehr schön zu erkennen.

Das Anwesen Augsburger Straße 13 erwarb 1785 der Schlosser Josef Heidenberger. Das Gebäude stand zwischen dem heutigen Ludwig-Thoma-Haus und der Spitalgasse. 1911 bauten die Nachkommen an derselben Stelle ein neues Haus.

Zur Erinnerung an die Primiz von Josef Pichler wurde diese Erinnerungskarte geschaffen, die auch an die Primizfeiern anderer Dachauer Bürgersöhne erinnert. Josef Pichler wurde 1890 Stadtpfarrer von Moosburg (Bild links). Diese Primizfeier vor dem Dachauer Schloß (Bild unten) dürfte vor 1900 stattgefunden haben. Leider ist der Name des Primizianten nicht überliefert. In einem zeitgenössischen Bericht zu einer anderen Primizfeier, die im Juli 1894 stattfand und eine ca. 3000köpfige Menschenmenge anzog, heißt es auszugsweise: »Nachdem seit der letzten Primiz dahier bereits 4 Jahre verflossen sind, feierte gestern der neugeweihte Priester, Herr Wolfgang Sturm von Dachau, das Fest der Darbringung seines ersten hl. Meßopfers. Schon geraume Zeit vor dem feierlichen Akte sah man von allen Seiten, von denen Straßen in den hies. Markt einmünden, eine schier endlose Reihe von Wagen, Fußgängern und auch Radfahrern daherziehen, welche bei dieser seltenen Gelegenheit zu Gast sein wollten. – Um $3/_4 9$ Uhr wurde der hochw. Herr Primiziant von seinem Vaterhause abgeholt und durch die herrlich dekorierte Augsburger Straße unter Vorantritt des kath. Gesellenvereins, des Arb.-Kr.- U.-Vereins und der Arbeiterkrankenkasse, welchen Vereinen sich weißgekleidete Mädchen, die Musik, dann die hochw. Geistlichkeit anschlossen, zum Schloßberge geleitet, woselbst der Altar errichtet war.« Auch bei der Primiz von Benno Märkl am 13. Juli 1913 nahm ganz Dachau Anteil, wie der Blick in die festlich geschmückte Augsburger Straße zeigt (rechts oben).

Mitglieder des Kath. Gesellenvereins mit ihrem Präses Pfarrer Franz Xaver Taubenberger; am Fronleichnamstag 1914 aufgenommen (rechts unten).

141

Zum 50jährigen Bestehen der Liedertafel Dachau fand 1929 ein Sängerfest statt. Hier die Spitze des Festzugs.

Der Rauch- und Sterbeverein »Mir sog'ns nöt«, 1894 gegründet, besteht heute noch.

*Die Königlich privilegierte Feuerschützengesellschaft Dachau
mit ihrem Protektor Prinz Alfons von Bayern.*

*Die Freiwillige Feuerwehr Dachau wurde 1869 gegründet.
Diese Aufnahme dürfte aus der Zeit vor dem Ersten Weltkrieg stammen.*

M. Frank.   J. Etterer.
Parterre-Akrobaten
des Athleten-Clubs "Eberle",
DACHAU.

*Diese Dachauer Muskelmänner ließen ihre Bizepse
zwischen 1900 und 1910 verewigen.*

*Mit stolzgeschwellter Brust: die erste Kraftsportabteilung
des Turn- und Sportvereins 1865 um 1924.*

*Im Jahre 1912 stellte der TSV 1865 seine erste Fußballmannschaft auf.
Hier im Bild die TSV-Kicker von 1919.*

*Radrennen haben in Dachau Tradition.
Die Pedalritter 1922 in der äußeren Augsburger Straße.*

*Die Einmündung der Gröbenrieder Straße in die Münchner Straße im Jahre 1906.
Der Viehgassenbach ist heute an dieser Stelle verrohrt.*

*Hochwasser 1928 in Dachau.
Hier ein Blick auf die überschwemmte Gröbenrieder Straße.*

Der romantisch von Birken gesäumte Weg zum Bahnhof, die jetzige Frühlingstraße. Postkarte aus dem Jahr 1906.

Zum Dachauer Volksfest gehörten bis in die dreißiger Jahre Pferderennen. Schriftliche Zeugnisse davon gibt es aus der Zeit nach dem Dreißigjährigen Krieg. So fand beispielsweise vom 10. bis 15. Februar 1652 in Dachau ein »Rennet« statt. Ein Blick auf das »Volksfest« des Jahres 1921.

Zeittafel 1850 – 1930

Als ergänzende Hintergrundinformation zu den alten Photographien wurde diese Zeittafel, die die Jahre 1850 bis 1930 behandelt, erstellt.

Sie umfaßt eine Sammlung allgemein interessanter Ereignisse, die sich gleichzeitig in aller Welt, in Bayern, im Amtsbezirk Dachau und seiner näheren Umgebung zugetragen haben.

Aus der Gegenüberstellung ernster und heiterer, weltbewegender oder anscheinend nebensächlicher Begebenheiten, lassen sich Einflüsse und Zusammenhänge erkennen, die sich auch auf das Dachauer Land auswirkten.

Für die Chronik dienten als Quellenmaterial nicht nur historisch einschlägige Werke, sondern auch allgemeine Veröffentlichungen, deren Zuverlässigkeit nicht immer überprüfbar war.

Aus aller Welt	Aus Bayern	Aus dem Amtsbezirk Dachau und Umgebung
1850 Krieg Dänemark – Deutscher Bund. Erstes Unterseekabel Dover – Calais.	Vierkönigsbündnis zwischen Bayern, Sachsen, Hannover und Württemberg. Bavaria enthüllt. Bauer: Tauchbootversuche.	Schwabhausens Posthalter Weigenthaler eröffnet in Dachau erste Postexpedition.
1851 Erste Weltausstellung in London.	Erste Beförderung von Bahnpost (München – Nürnberg). Dampfer »Maximilian« erstes Dampfschiff auf dem Starnberger See.	Dr. Hermann Fischer, Dachauer Bürgermeister bis 1858.
1852 Napoleon III. Kaiser in Frankreich. Fox: Stahlgestell für Regenschirm. Männermode: Zylinder, Gehrock, langes Beinkleid, Frack. Frauenmode: Reifrock, Dekolleté.	Bayer. Distriktsratsgesetz führt zu übergemeindlicher Selbstverwaltung. Germanisches Museum in Nürnberg eröffnet. Siegestor in München vollendet. 100. Lokomotive von Maffei.	Körperschaftlicher Verband der im Landgerichtsbezirk Dachau gelegenen Gemeinden.
1853 Beginn des Krieges Rußland gegen Türkei, Frankreich, Großbritannien (Krimkrieg – bis 1856). Krupp: nahtlose Gußstahl-Eisenbahnräder. Fischer: Tretkurbelfahrrad. Erste Rohrpostanlage in London.	Ruhmeshalle und Neue Pinakothek vollendet.	Bau der Mädchenschule in Dachau. Schulschwestern übernehmen Mädchenschule Weichs.
1854 Siemens: Doppel-T-Anker. Sinsteden: Blei-Akkumulator. Anschlagsäulen von Ernst Litfaß in Berlin.	Glaspalast in München anläßlich der »Ersten dt. allgem. Industrieausstellung« eröffnet (1931 abgebrannt). Letzte Hinrichtung mit dem Schwert in München. Fallbeil eingeführt.	»Arme Schulschwestern« kommen nach Dachau. Graf Buttler richtet Spiritusbrennerei in Haimhausen ein.
1855 Stahlmassenerzeugung durch Bessemer-Birne. Erste Revolver-Drehbänke. Erstes Warenhaus in Paris. Fowler: Dampfpflug.	* Ludwig Ganghofer, Schriftsteller. * Oskar von Miller, Ingenieur. Erstes dt. Musikfest im Glaspalast. † Kardinal Karl August Graf v. Reisach, Erzbischof von München – Freising seit 1846.	
1856 Grundsätze des internationalen Seerechts aufgestellt. Erster Neandertalerschädel bei Düsseldorf gefunden (über 100 000 Jahre alt). Perkin: Teerfarbstoff.	Gregor v. Scherr, Erzbischof von München – Freising bis 1877.	Joh. Nepomuk Maria Leonhard Freiherr von Hohenhausen, Generaladjutant und Kammerherr König Max II., wird Ehrenbürger von Dachau. Kinderbewahranstalt der Barmherzigen Schwestern in Indersdorf.
1857 Erste Weltwirtschaftskrise von den USA ausgehend. Anfänge der Bakteriologie durch Pasteur. Erster Alpenverein (Alpin Club) in London.	Großhesseloher Brücke eröffnet. Geburtsjahr der Weißwurst.	

Aus aller Welt	Aus Bayern	Aus dem Amtsbezirk Dachau und Umgebung
1858 Abdankung Friedrich Wilhelm IV. von Preußen. Prinz Wilhelm übernimmt Regentschaft. Erdölgewinnung in den USA und im Kaukasus ermöglicht Petroleumbeleuchtung. Erstes transatlantisches Kabel. * Max Planck, Physiker. Pullman: Eisenbahn-Luxuswagen.	Ständiges Marionettentheater in München von »Papa« Joseph Schmid. * Rudolf Diesel, Erfinder. Erste allg. deutsche Kunstausstellung im Glaspalast.	
1859 Schlacht von Solferino, Österreich verliert Lombardei. Dt. Nationalverein gegründet. † Clemens Fürst Metternich, österr. Staatsmann.	Wilhelm Busch wird Mitarbeiter der »Fliegenden Blätter«.	Dr. Hermann Fischer, Bezirksarzt, bis 1880. Jakob Hergl, Dachauer Bürgermeister bis 1865.
1860 Bullock: Rotations-Schnellpresse. Graham begründet Kolloid-Chemie. Walton: Linoleum. Krupp: Geschützrohre aus Gußstahl.	Eröffnung der Eisenbahnstrecke München–Salzburg–Wien. Einweihung der Propyläen. † Lola Montez, Tänzerin (Ludwig I. mußte 1848 wegen ihr abdanken).	Maximilian Graf v. Hundt, k. Rentbeamter bis 1882. Gustav Medicus kauft Paun'sche Papiermühle und richtet maschinellen Betrieb ein. Die Maler Adolf Lier und Eduard Schleich d. Ä. sind um 1860 in Dachau. Postexpedition in Indersdorf.
1861 Ausbruch des nordamerikanischen Bürgerkriegs (bis 1865). Reis: Telefon.	Entdeckung des fossilen Urvogels »Archäopteryx« in Solnhofen (Bindeglied zwischen Reptil und Vogel). Letzte öffentliche Hinrichtung in München.	Bernhard v. Gäßler von 1848 bis 1861 Landrichter. Gräfin v. Buttler-Clonebough kauft Schloß Schönbrunn und stiftet es zur Einrichtung eines Heimes für Behinderte.
1862 Bismarck preußischer Ministerpräsident und Außenminister. J. Sachs entdeckt Photosynthese. Messung der Lichtgeschwindigkeit durch Foucault.	Absetzung Prinz Ottos von Bayern als König von Griechenland. Deutsches Handelsgesetzbuch auf Anregung von König Max II. Erste Dampfdreschmaschine und Dampfwagen bei Oktoberfest ausgestellt.	Errichtung des Bezirksamtes Dachau für Verwaltung. Justiz bleibt beim Landgericht, das ab 1879 »Königliches Amtsgericht« heißt. Erster Bezirksamtmann Carl Pitzner, bis 1872. Gründung der München–Dachauer Aktiengesellschaft für Maschinenpapier-Fabrikation. Abbruch des Freisinger Tores. Gründung der Anstalt Schönbrunn. Amalie Hohenester kauft Bad Mariabrunn.
1863 Rotes Kreuz gegründet. Londoner U-Bahn mit Druckluftbetrieb.	Eröffnung der Befreiungshalle in Kelheim. Erzbischof Scherr wendet sich in einem Hirtenbrief gegen das Haberfeldtreiben.	
1864 Krieg Preußens und Österreichs gegen Dänemark um Schleswig-Holstein. Erste deutsche ländliche Darlehenskassen durch Raiffeisen.	† König Max II. Ludwig II. König von Bayern. † Leo Klenze, Baumeister. Erste Begegnung Ludwig II. mit Richard Wagner.	
1865 Abschaffung der Sklaverei in den USA. Präsident Lincoln ermordet. Matterhorn-Erstbesteigung durch Whymper. Mendel'sche Vererbungsregeln.	Richard Wagner muß München verlassen.	Holzgarten in Dachau aufgelassen wegen Konkurrenz durch Bahn. TSV 1865 in Dachau gegründet. Malzfabrik der Gebrüder Hörhammer in der Freisinger Straße errichtet.
1866 Krieg Preußens gegen Österreich und Dt. Bund (Schlacht von Königgrätz). Trennung Österreichs von Deutschland. Brennerbahn eröffnet. Erste Zahnradbahn (USA). Whitehead: Torpedo.	Nach Niederlage Bayerns gegen Preußen: Schutz- und Trutzbündnis mit Preußen.	Abbruch des Schlosses Hilgertshausen.
1867 Bismarck erster Kanzler im Norddeutschen Bund. Österreichisch-ungarische Doppelmonarchie. USA kaufen Alaska von Rußland. Nobel: Dynamit. Monier: Eisenbetonbau.	* Ludwig Thoma, bayer. Dichter. Bayer. Nationalmuseum in München eröffnet. † Christian Morgenstern (um 1840 in Dachau).	Eröffnung der Eisenbahnlinie München–Ingolstadt. † Kaspar Silner, Pfarrer von St. Jakob seit 1847.

Aus aller Welt	Aus Bayern	Aus dem Amtsbezirk Dachau und Umgebung
1868 Negerstimmrecht in den USA. Beginn der deutschen Gewerkschaftsbewegung.	† Ludwig I., König von Bayern 1825 bis zur Abdankung 1848. Allgemeine Wehrpflicht in Bayern. Erste Pläne für Schloß Neuschwanstein. Technische Hochschule in München gegründet.	Teile der Dachauer Schloßsaaldecke im Bayer. Nationalmuseum. Michael Emmer, Pfarrer von St. Jakob bis 1870.
1869 Gründung der Sozialdemokratischen Arbeiterpartei durch Bebel und Liebknecht. Mendelejew/Meyer: Periodisches System der Elemente. Vollendung des Suezkanals, Baubeginn 1859, durch Ferd. Lesseps. Brehms »Tierleben«. Fahrrad mit Kettenantrieb.	Erste internationale Kunstausstellung im Glaspalast. Erste Pläne für Schloß Linderhof. Münchner Velozipedclub gegründet, erster in der Welt. Deutscher Alpenverein gegründet. Metrisches System in Bayern. Regensburger Dom fertiggestellt.	Gründung der Freiw. Feuerwehr Dachau. Joseph Steinberger, Bürgermeister von Dachau bis 1875. Einweihung des Distriktskrankenhauses Indersdorf. Amalie Hohenester wird zu 50 fl Geldbuße wegen »medizinischer Pfuscherei« verurteilt.
1870 Streit Frankreichs und Preußens um spanische Thronfolge. Ausbruch des Deutsch-Französischen Krieges. Schlacht bei Sedan. Napoleon III. wird gefangen. * Wladimir Iljitsch Lenin, russ. Staatsmann. Ende des Kirchenstaates. Dogma von der Unfehlbarkeit des Papstes »Ex cathedra«.	Bayern muß sich am Krieg gegen Frankreich beteiligen.	Bahnhof Dachau fertiggestellt. Gründung der Kriegerkameradschaft Indersdorf. Alle elf aus dem Markt Dachau stammenden Kriegsteilnehmer 1870 bis 71 kehrten aus dem Feldzug zurück.
1871 Deutsche Armeen nehmen Paris. Friede zu Frankfurt. Elsaß-Lothringen wird Reichsgebiet. Frankreich muß rund 5 Milliarden frs Kriegsentschädigung zahlen. Wilhelm I. wird in Schloß Versailles zum Deutschen Kaiser ausgerufen. Bismarck wird erster Reichskanzler. Frankreich: Dritte Republik. Maddox: photographische Trockenplatte (Brom–Silber–Gelatine).	Bayern erhält in der Reichsverfassung Reservatrechte wie eigene Diplomatie, Post und Eisenbahn. Festbankett der siegreich heimgekehrten bayer. Truppen im Glaspalast. Märzenbier wird Oktoberfestbier.	Matthias Frings, Pfarrer von St. Jakob bis 1881. * Ignatius Taschner, Bildhauer. Freiw. Feuerwehr Haimhausen und Indersdorf. Krieger- und Soldatenverein Haimhausen. Kirchenerweiterung in Haimhausen. Steinmühle von Papierfabrik erworben. In Dachau entsteht zweite Papierfabrik. Der Räuber Joh. Baptist Pascolini, Onkel des Kneißl Hiasl, wird von Komplizen erschossen.
1872 Verbot des Jesuitenordens in Deutschland (1917 ganz aufgehoben). Westinghouse: Luftdruckbremse.	In München wird die »Dachauer Bank« der Schwindlerin Adele Spitzeder geschlossen. Erster Maibock-Ausschank in München. Schausteller Schichtl auf dem Oktoberfest.	Max Ludwig Hausladen, Bezirksamtmann bis 1881. Amper-Bote, erste Dachauer Zeitung, gegründet.
1873 Drei-Kaiser-Bündnis zwischen Deutschland, Österreich und Rußland in Berlin (bis 1886). Einheitliche Reichsgoldwährung (Reichsbanknoten erst ab 1909).	Cholera-Epidemie in München (362 Tote).	Eugen von Hellersberg, Landrichter bis 1877. Der Maler Wilhelm Leibl kommt nach Graßlfing, bis 1880, und malt in Dachau und Umgebung.
1874 Erforschung Afrikas beginnt. Zivilehe vor dem Standesamt. Weltpostverein. * Winston Churchill, engl. Staatsmann.	Erster Lohnstreik in München (Hafnergesellen). Maximilianeum und neues Münchner Rathaus vollendet.	Dachauer Veteranen- und Soldatenverein gegründet.
1875 * Albert Schweizer. Fahrrad mit Freilauf und Rücktritt.	Bayer. Notenbank gegründet.	* Räuber Matthias Kneißl.
1876 Otto: Viertakt-Benzin-Motor. Linde: Ammoniak-Kältemaschine. Graham/Bell: Telefon. Internationale Meterkonvention zwischen 17 Staaten tritt in Kraft. * Konrad Adenauer, erster dt. Bundeskanzler. * Eugenio Pacelli (von 1939 bis 1958 Papst Pius XII.).	Markwährung löst bayer. Gulden ab. Eröffnung des Festspielhauses in Bayreuth. 1 Maß Bier kostet 20 Pf. Pferdebahn in München.	Michael Scharl, Bürgermeister in Dachau bis 1888. Feuerwehren Kollbach, Amperpettenbach und Hebertshausen gegründet.

Aus aller Welt	Aus Bayern	Aus dem Amtsbezirk Dachau und Umgebung
1877 Edison: Walzen-Phonograph. Bindemäher in den USA. Kartoffelkäfer kommt von Amerika nach Europa.	Erste öffentliche Bedürfnisanstalt in München. Wildschütz Georg Jennerwein erschossen.	Verschönerungsverein Dachau gegründet. Freiw. Feuerwehr Petershausen. * Lina Riedl († 1951), Dachauer Original und Volksschauspielerin. Kath. Gesellenverein Dachau. Prinz Luitpold jagt Spielhähne im Dachauer Moos.
1878 Österreich besetzt Bosnien und Herzegowina. † Papst Pius IX. (seit 1846). Papst Leo XIII. (bis 1903). Mannlicher: Mehrladergewehr. Hughes: Kohlemikrophon. Erster dt. Fußballverein in Hannover.	Einführung der Verwaltungsgerichtsbarkeit. Antonius v. Steichele, Erzbischof von München–Freising bis 1889. Schloß Linderhof vollendet. Schlacht- und Viehhof in München eröffnet. Grundstein für Schloß Herrenchiemsee.	Moorbad Dachau von Andreas Deger eingerichtet. † Amalie Hohenester, Doktorbäurin von Mariabrunn. Schützenges. »Vorm Wald« Odelzhausen. * Maria Langer-Schöller, Malerin.
1879 Defensivbündnis Deutschland–Österreich. Edison: Kohlenfadenlampe. Siemens: Elektro-Lokomotive. * Albert Einstein, Physiker. * Otto Hahn, Physiker. * Josef Stalin, russ. Staatsmann.	Max v. Pettenkofer eröffnet Hygienisches Institut in München. Steyrer Hans hebt 516 Pfund mit einem Finger.	Josef Schub, Oberamtsrichter bis 1894. Freiw. Feuerwehren Vierkirchen, Unterweikertshofen und Röhrmoos gegründet. Vereinsgründungen: Schützenverein »Einigkeit« Machtenstein–Kreuzholzhausen, Liedertafel Dachau, Arbeiter-Kranken-Unterstützungsverein Dachau.
1880 Duden: Orthographisches Wörterbuch der deutschen Sprache. Siemens: Elektrostahl. Fernsprecher bei der Post eingeführt. Kölner Dom vollendet. Smoking in der Männermode kommt auf.	Uraufführung von Ganghofers Erfolgsstück: »Der Herrgottschnitzer von Oberammergau«.	Eisenbahnunglück in Röhrmoos; Zusammenstoß eines Schnellzuges und eines Personenzuges verursacht nur Sachschaden. Die Maler Wilhelm v. Diez und Wilhelm Dürr sind um 1880 in Dachau. »Sparkassa« der Marktgemeinde Dachau.
1881 Neutralitätsvertrag zwischen Deutschland–Österreich und Rußland. Vollendung des St.-Gotthard-Tunnels (seit 1872 im Bau). Erste elektrische Straßenbahn in Berlin. * Pablo Picasso, Maler.	Meisenbach: Bilddruck durch Rasterätzung (Autotypie). Ochsenbraterei und Cinematographen-Wandertheater erstmals auf dem Oktoberfest.	Michael Wiedenhofer, Bezirksamtmann bis 1890. Brand der Gröbmühle in Dachau; Josef Scheierl errichtet Kunstmühle. * Friedrich Pfanzelt, Stadtpfarrer von St. Jakob von 1930 bis 1958, Prälat und Ehrenbürger von Dachau. Veteranen- und Militärverein Dachau (Zusammenschluß der beiden Dachauer Vereine 1927).
1882 Dreibund zwischen Deutschland, Italien und Österreich. Edison: Elektrizitätswerk in New York. Renard/Krebs: Flug eines starren Luftschiffs mit Elektromotor.	Erste int. Elektrische Ausstellung im Glaspalast: erste Stromübertragung der Welt (Strecke München–Miesbach durch Oskar von Miller); erste Opernübertragung durchs Telefon. * Kiem Pauli († 1960). * Karl Valentin († 1948).	Joh. Bapt. Kaufmann, k. Rentbeamter bis 1894. Dr. Heinrich Engert, Bezirksarzt bis 1902. Georg Riggauer, Pfarrer von St. Jakob bis 1888. Markterhebung von Indersdorf.
1883 Gesetzliche Einführung der Krankenversicherungspflicht in Deutschland. Daimler: Patent auf Automotor. Maxim: Maschinengewehr. Wolkenkratzer in Chicago. † Karl Marx. † Richard Wagner, Komponist.	Erste Trachtenvereine in Bayrischzell und Fischbachau gegründet. Ortsfernsprechnetz in München mit 145 Teilnehmern. * Weiß Ferdl († 1949), Volkssänger.	Dr. August Kübler veröffentlicht erste Hefte über die Dachauer Geschichte. Einrichtung einer Kinderbewahranstalt in Dachau.
1884 Beginn der deutschen Kolonialpolitik durch Carl Peters. Mergenthaler: Setzmaschine (Linotype). Goodwin/Eastman: photographischer Film. * Theodor Heuss, erster Bundespräsident.	Schulden der k. Kabinettskasse betragen 7,5 Millionen Mark. Erster Tennisclub in München.	Dachauer Hofgarten wird beliebtes Ausflugsziel für Prinz Ludwig Ferdinand und andere Mitglieder der bayerischen Königsfamilie.

Aus aller Welt	Aus Bayern	Aus dem Amtsbezirk Dachau und Umgebung
1885 Auer: Gasglühlicht. Benz: dreirädriger Kraftwagen mit Benzinmotor. Bauer: Druckknopf. Chardonnet: Kunstseide. Nordenfeldt: erfolgreiches U-Boot. Autogenes Schweißen. Erste Leipziger Mustermesse. Nipkow: Lochscheibe für Bildabtastung und Bildübertragung.	Schloß Herrenchiemsee fertig (begonnen 1878). † Carl Spitzweg, Maler (um 1850 bis 1870 in Dachau). Oktoberfest wird mit 16 Bogenlampen beleuchtet. Zughalle des Hauptbahnhofs München vollendet.	Bau des Bezirkskrankenhauses Dachau (abgerissen um 1970). * Hans Zauner, ab 1909 in Dachau, Bürgermeister von 1952 bis 1960 († 1973). Maler Friedrich August v. Kaulbach um 1885 in Dachau, Robert v. Haug in Dachau bis 1922. Papierfabrik erhält erstes Telefon in Dachau.
1886 Ende des Drei-Kaiser-Bündnisses. Gebr. Mannesmann: Walzverfahren für nahtlose Rohre. Freiheitsstatue in New York.	† König Ludwig II. Nachfolger König Otto übt wegen Krankheit das Amt nicht aus. Prinz Luitpold wird Verweser des Königreichs bis 1912. Die ersten Münchner Skifahrer üben. Die ersten englischen Radprofis starten in München	Erweiterung der Dachauer Mädchenschule.
1887 Geheimer Rückversicherungsvertrag zwischen Deutschland und Rußland (bis 1890). Berliner: Plattengrammophon. Daimler: vierrädriger Kraftwagen mit Benzinmotor. Tesla: Drehstrommotor.	Zamenhof gründet in München Esperanto-Bewegung. * Wilhelm Hoegner, Bayer. Ministerpräsident 1945/46 und 1954 bis 1957. * Hans Ehard, Bayer. Ministerpräsident von 1946 bis 1954 und 1960 bis 1962.	Der Müller Matthias Kneißl sen. wird wegen Wilderns zu drei Monaten Gefängnis verurteilt. »Radfahrer-Verein« in Dachau. Bezirksfest mit landwirtschaftlicher und gewerblicher Ausstellung in Dachau.
1888 † Kaiser Wilhelm I., Nachfolger Wilhelm II. bis 1918. H. Hertz: Erzeugung und Nachweis elektromagnetischer Wellen. Doehring: Spannbeton. † Friedrich Wilhelm Raiffeisen.	Kaiser Wilhelm II. besucht München. Auf dem Nockherberg kommt es zur »Salvatorschlacht«. Die Schweren Reiter müssen eingreifen.	Brauereibesitzer Birgmann erwirbt das Dachauer Moorbad. * Schorsch Grahamer, Dachauer Original und Volksschauspieler, † 1966.
1889 Erste Autoausstellung in Paris. Hollerith: Lochkartenzählmaschine. Eiffelturm erbaut.	Antonius v. Thoma, Erzbischof von München–Freising bis 1897. Erste Jahresausstellung der Münchner Künstler im Glaspalast. † Ludwig Anzengruber, Dichter.	Caspar Krebs, Bürgermeister von Dachau bis 1903. Martin Hartl, Pfarrer von St. Jakob bis 1895. Gründung der »Freiwilligen Sanitätskolonne« Dachau. Eröffnung der Haltestelle Esterhofen.
1890 Wilhelm II. entläßt Bismarck. Großbritannien gibt Helgoland an Deutschland gegen Witu und Sansibar. Ulrich/Vogel: Dreifarbendruck. Rudolph: Photoobjektiv. Dunlop: Luftreifen.	Jugendstilbewegung beginnt. Schwemmkanalisation in München eingeführt (von Pettenkofer gefordert).	Heinrich Flasser, Bezirksamtmann bis 1900. * Ludwig Eicher, 1931 bis 1969 Pfarrer von Mitterndorf. Zitherclub Dachau gegründet. Maler um 1890 in Dachau: Max Liebermann, Lovis Corinth, Max Slevogt, Graf Leopold v. Kalckreuth, Fritz v. Uhde, Wilhelm Velten, Victor Weishaupt, Heinrich v. Zügel. Folgende Maler lassen sich nieder: Otto Strützel bis 1920, Bernhard Buttersack bis 1910, Hugo König bis 1899, Adolf Hölzel bis 1905, Arthur Langhammer bis † 1901, Georg Flad bis † 1913, Ludwig v. Herterich bis † 1932, Th. Th. Heine bis 1900.
1891 Internationales Friedensbüro in der Schweiz gegründet. Klietsch: Rotations-Kupfertiefdruck. Lilienthal: erste Segelflüge. Tesla: Hochspannungstransformator.	Kaiser Wilhelm II. kommt zur Feier des 70. Geburtstages von Prinzregent Luitpold nach München. Isartalbahn nach Wolfratshausen eröffnet.	Abbruch des Augsburger Tores in Dachau. Glonntal-Bote in Indersdorf erscheint.
1892 Cholera-Epidemie in Hamburg. † Werner von Siemens.	Münchner Sezession von Uhde, Stuck u. a. gegründet. Erste Kunsteisbahn Deutschlands in München eröffnet.	Carl James Eduard Haniel erwirbt Schloß Haimhausen. Er wird 1893 in den bayerischen Adelsstand erhoben. * Heinrich Nicolaus, MD-Papierfabrik, Ehrenbürger von Dachau, † 1966. Der Schachermüller Matthias Kneißl sen. wird gefangen und nach Dachau transportiert. Er stirbt auf der Gefängnistreppe.

Aus aller Welt	Aus Bayern	Aus dem Amtsbezirk Dachau und Umgebung
1893 Rudolf Diesel baut seinen Motor. Schmidt: Heißdampf-Lokomotive. Erster deutscher Skiclub im Schwarzwald.	Donnersbergerbrücke in München dem Verkehr übergeben. Erster Faschingszug in München.	Einberufung eines provisorischen Komitees zur Erbauung einer Lokalbahn Dachau–Altomünster. Erster evangelischer Gottesdienst in Dachau (Rathaussaal). * Otto Ehrhart, Schriftsteller (Das sterbende Moor), 1939 vermißt. * Nikolaus Deichl, Dachauer Bürgermeister von 1947 bis 1952.
1894 Reichstagsgebäude in Berlin fertiggestellt, seit 1884 im Bau. Lumière: Kinematograph. Baron de Coubertin gründet Komitee für Olympische Spiele. Erstes int. Autorennen Paris–Rouen (Daimler-Wagen siegt).	Wittelsbacherbrunnen in München (Wasserverbrauch 350 cbm/h). Rennplatz Riem angelegt. Gefängnis Stadelheim erbaut.	Ludwig Thoma läßt sich als Rechtsanwalt in Dachau nieder. August Vogl, Rentamtmann bis 1901. Krieger- und Soldatenverein Weichs gegründet. Maler Ludwig Dill in Dachau bis 1938.
1895 Luftverflüssigung durch Carl v. Linde. Röntgen entdeckt die nach ihm benannten Strahlen. Nord-Ostsee-Kanal fertiggestellt, begonnen 1887. Popow: Antenne.	Bismarck wird Ehrenbürger von München.	† Dr. Karl August von Müller, Kultusminister in Bayern seit 1890, 1846 in Dachau geboren. Wilhelm Grassl, Magier und Goldfischzüchter, erwirbt das Dachauer Moorbad (ab 1897 häufiger Besitzerwechsel, 1951 Ankauf durch die Bundespost und Einrichtung der Postschule). Bayer. Moorkulturanstalt gegründet. Indersdorfer Klosterschützen gegründet.
1896 Entdeckung der radioaktiven Strahlung durch Becquerel. Erste neuzeitliche Olympische Spiele in Athen. Erste Filmvorführungen in Paris und Berlin. † Otto Lilienthal bei Gleitflug. † Alfred Nobel. Staubsaugerpatent angemeldet.	Albert Langen und Th. Th. Heine gründen die politisch-satirische Wochenschrift »Simplizissimus«. Georg Hirth gründet die satirische Zeitschrift »Jugend«.	Dr. Karl Fürst, Oberamtsrichter bis 1908. Veteranenverein Biberbach gegründet. Maler Hans Müller-Dachau läßt sich nieder, bis 1925.
1897 Hottentottenaufstand in Deutsch-Südwestafrika niedergeschlagen. Marconi: drahtlose Telegraphie. Erstes deutsches Schiff erringt das »Blaue Band«.	Erstes Kino in München. Justizpalast in München vollendet. Bismarck-Denkmal am Starnberger See. Thoma: »Agricola«.	Ludwig Thoma verläßt Dachau und zieht nach München. Gründung des »Eisenbahn-Comitees« Dachau–Altomünster. Hölzel, Dill, Langhammer begründen »Neu-Dachauer Schule«. Dachauer Elektrizitätswerk an der Amper bei Günding in Betrieb. Staatlicher Telefonbetrieb in Dachau; telefonieren zwischen 7 und 21 Uhr möglich. Veteranen- und Kriegerverein Pellheim.
1898 † Fürst Otto von Bismarck. Braun: Kathodenstrahl-Leuchtschirmröhre. Strowger: Fernsprechdrehwähler. Entdeckung der Elemente Radium und Polonium durch Marie Curie.	Franz Josef v. Stein, Erzbischof von München–Freising bis 1909. Dieselmotor erstmals öffentlich vorgeführt bei II. Kraft- und Maschinenausstellung in München. Im Hofbräuhaus Gründung des »Verbandes zur Bekämpfung des schlechten Einschänkens«.	Johann Evangelist Winhart, Pfarrer von St. Jakob bis 1908. Professor Stockmann kommt nach Dachau, † 1938. Indersdorfer Gegenprojekt Bahnlinie Röhrmoos–Indersdorf–Altomünster löst jahrelangen Streit zwischen Dachau und Indersdorf aus. »Dachauer Volksblatt« gegründet.
1899 Krieg Großbritanniens gegen die Buren in Südafrika (bis 1902). Haager Friedenskonferenz über friedliche Beilegung internationaler Konflikte (Landkriegsordnung). Drachenversuche der Gebrüder Wright. Dreser führt Aspirin ein. Beginn der Verwendung synthetischer Heilmittel.	Thoma wird Schriftleiter beim »Simplizissimus«. Zerstörung der Prinzregentenbrücke in München durch Hochwasser. Die ersten 25 Führerscheine in München ausgestellt. Bayer. Automobilclub gegründet. TSV 1860 gründet Fußballabteilung.	Bierstreik im Bezirk wegen Preiserhöhung von 22 auf 24 Pf. Preiserhöhung wird rückgängig gemacht. »Untermarktler« in Dachau gründen Verein zum Bau einer Filialkirche. Amperhochwasser überschwemmt Künstlerkolonie. Vinzenziusverein zur Unterstützung »verschämter Armer« in Dachau gegründet (heute in Caritas aufgegangen). Großbrand in Schönbrunn.

Aus aller Welt	Aus Bayern	Aus dem Amtsbezirk Dachau und Umgebung
1900 Europäische Mächte werfen antieuropäischen Aufstand des »Boxer«-Geheimbundes in China nieder. Bürgerliches Gesetzbuch in Deutschland in Kraft. Lenkbares Luftschiff von Zeppelin. Erste Rolltreppe in Paris. Deutscher Fußballbund gegründet.	Eröffnung der Wetterstation auf der Zugspitze. Lenin kommt nach München (bis 1902). 1 Maß Bier kostet in München 26 Pf., 3 kg Brot 1.— Mark, 3 Eier 20 Pf., 1 kg Ochsenfleisch 1,40 Mark. Einkommen eines Hilfsarbeiters 1,50 bis 2 Mark am Tag, eines Ziegeleiarbeiters 2,80 Mark. Ein Regierungsrat verdient 4 500.— Mark im Jahr. † Wilhelm Leibl, Maler, um 1873 bis 1880 in Dachau. FC Bayern gegründet (Trennung vom MTV 1879).	Der Kneißl Hias erschießt zwei Gendarmen in Irchenbrunn. Erste Filmvorführung in Dachau. Kath. Männerverein Dachau gegründet. Dachaus erster Leichenwagen. Der »Millionenbauer« Hauser-Lenz baut in Karlsfeld das Schloß Waldeck. Folgende Maler und Bildhauer lassen sich in Dachau nieder: Ignatius Taschner bis † 1913, Hans v. Hayek bis 1915, August Pfaltz bis 1917, Felix Bürgers bis 1934.
1901 Erste Nobelpreis-Verleihung. † Königin Victoria von Großbritannien; Nachfolger Edward VII. bis 1910. Marconi überbrückt drahtlos Atlantik. Mercedeswagen der Daimlerwerke von Maybach. Gilette beginnt mit der Herstellung von Rasierklingen. Wandervogel-Jugendbewegung.	Im ganzen Land wird der 80. Geburtstag des Prinzregenten gefeiert. Prinzregententheater in München eröffnet. Thoma: »Medaille« und »Assessor Karlchen«. † Max von Pettenkofer, Begründer der modernen Hygiene. * Hanns Seidel, Bayer. Ministerpräsident von 1957 bis 1960, † 1961. »Elf Scharfrichter«, Kabarett von Wedekind in München eröffnet.	Nach fünfmonatiger Jagd wird der Kneißl Hias schwerverwundet verhaftet und nach seiner Genesung zum Tod verurteilt. Joh. Bapt. Hasler, Rentamtmann bis 1904. Luftballon der »Luftschifferabteilung« überfliegt Dachau. * F. X. Böck, Bürgermeister von Dachau (1960 bis 1966).
1902 Bosch: Magnetzündung für Kraftfahrzeuge. Junkers: Gasbadeofen.	Thoma: »Die Lokalbahn«. Gulbransson beim »Simplizissimus«. Theodor Heuss kommt als Student nach München.	Nikolaus Cottel, Bezirksamtmann bis 1919. Der Kneißl Hias wird in Augsburg geköpft. »Neu-Dachau«, Buch des Wiener Kunstschriftstellers Arthur Rößler. * Josef Schwalber, Landrat und Staatsminister, † 1969. * Richard Huber, Maler. † Gräfin v. Buttler-Clonebough, Stifterin der Anstalt Schönbrunn.
1903 Papst Pius X. (bis 1914). Erster Motorflug der Gebrüder Wright. Ford gründet Automobilgesellschaft. Steiff: Teddybär. Erste Tour de France.	Gründung des Deutschen Museums durch Oskar von Miller. Corneliusbrücke in München stürzt ein.	Anton Mayerbacher, Dachauer Bürgermeister bis 1905. Museumsverein Dachau gegründet. Carl Olof Petersen kommt nach Dachau, bis 1937. Schützenverein Oberweikertshofen.
1904 Russisch-japanischer Krieg um Korea und Mandschurei. Rubel: Offsetdruck. Küch: Quarzlampe (Höhensonne). Gebr. Lumière: Autochromplatten zur Farbphotographie.	Bildtelegraphie München–Nürnberg durch Arthur Korn. Armeemuseum in München eröffnet (begonnen 1902). † Franz v. Lenbach, Maler.	Dr. Ferd. Hausmann, Obermedizinalrat, bis 1920. * Josef Baumgartner, Bayer Staatsminister, † 1964. Postamt am Bahnhof Dachau fertig, abgerissen um 1962. Freiw. Feuerwehr Schwabhausen und Schützenverein »Einigkeit« Etzenhausen gegründet. * Hermine Bößenecker, Volksschauspielerin und Dachauer Original.
1905 Japan besiegt Rußland. Erste Revolution in Rußland. Knorr: Luftdruckbremse. Osram: elektrische Glühlampe mit Wolframdraht. Deutscher Skiverband gegründet.	Thoma: »Lausbubengeschichten« und »Andreas Vöst«. Erste bayer. Meisterschaft im Skilanglauf.	Alfred Ragner, k. Finanzrat und Rentamtmann bis 1918. Eröffnung des Bezirksmuseums im Dachauer Schloß. Adolf Hölzel verläßt Dachau wegen einer Professur in Stuttgart. Theodor Heuss schreibt im Dachauer Schloß seine Doktorarbeit. Gewerkschaft »Holz« in Dachau gegründet. Maler Carl Friedrich Felber bis 1920, Richard Graef bis 1945 in Dachau.
1906 Schuhmacher Wilhelm Voigt beschlagnahmt als »Hauptmann von Köpenick« die dortige Stadtkasse. Erdbeben und Großfeuer vernichten San Francisco. Kraftpost in Deutschland. Scharfenberg: automatische Eisenbahnkupplung. Lieben: Elektronen-Verstärkerröhre. Simplon-Tunnel fertig (19 823 Meter, im Bau seit 1898). Beginn des Großkampfschiffbaus mit der britischen Dreadnought (22 100 t).	Grundsteinlegung für das Deutsche Museum. Allgemeines direktes Wahlrecht. Thoma muß in Stadelheim sechs Wochen Haft absitzen wegen Beleidigung von Vertretern der Sittlichkeitsvereine. Maffei baut schnellste Dampflok (155 km/h). Goldraub in der Bayer. Münze, 130 000.— Mark erbeutet. † Steyrer Hans. »Amorbahn« für Radrennen eröffnet.	Christian Hergl, Dachauer Bürgermeister bis 1919. SPD-Ortsverein Dachau gegründet. Arbeiter-Rad- und Kraftfahrerbund »Solidarität« Dachau gegründet. Fünf Anwesen brennen in Pasenbach nieder.

Aus aller Welt	Aus Bayern	Aus dem Amtsbezirk Dachau und Umgebung
1907 Der Mönch Rasputin findet Zugang zum Zarenhof und gewinnt großen Einfluß (1917 wird er von russischen Adeligen ermordet). Erster brauchbarer Raupenschlepper von Roberts und Hornsby (daraus entwickelt sich der Tank). Junkers: Doppelkolbenmotor.	Thoma: »Tante Frieda«. † Wilhelm v. Diez, Maler, um 1880 in Dachau. Weiß-Ferdl im Platzl.	Giulio Beda, Maler, kommt nach Dachau († 1954). Silberlinde an der Freisinger Straße wird gepflanzt (heutige »Stadtlinde«).
1908 Messina wird durch Erdbeben zerstört. Erster Kolbenfüllhalter. Zer: Eisen-Feuersteine. † Wilhelm Busch, Maler, Humorist.	Eröffnung des Münchner Künstlertheaters. Thoma: »Kleinstadtgeschichten«, »Moral«. Münchner Glockenspiel im Rathausturm. M.A.N. gegründet.	Franz Xaver Taubenberger, Pfarrer von St. Jakob bis 1930. 1100-Jahr-Feier des Marktes Dachau. Freie Turnerschaft (heute ASV) in Dachau gegründet. Gemäldegalerie des Museumsvereins eröffnet. Lokalbahngesetz zur Erbauung der Bahnlinie Dachau–Altomünster. Folgende Maler lassen sich nieder: Carl Thiemann bis † 1966, Wilma v. Friedrich bis † 1963, Ferdinand Mirwald bis † 1948.
1909 Peary erreicht den Nordpol. Blériot überfliegt den Ärmelkanal. Erste deutsche Motorflüge. Ford: Serienmodell T. Krupp: 42-cm-Geschütz. Erste Wochenschau in Frankreich. Erste Dauerwelle (London). Gesetz über Kraftverkehr in Deutschland.	Kardinal Franz v. Bettinger, Erzbischof von München–Freising bis 1917. Thoma: erste Filserbriefe. Neuer Botanischer Garten in München. Erster Zeppelin auf dem Münchner Oberwiesenfeld. In Schwabing erstes vollselbständiges Telephon-Wählamt Europas.	Ernst Böhngen, Oberamtsrichter. Mit Allerhöchster Anerkennung im Namen s. K. Hoheit des Prinzregenten, wurden die Dachauer Künstler v. Hayek, Pfaltz und Prof. Stockmann für ihre Verdienste für die Anlage einer Sammlung von Kunstdenkmälern und Altertümern ausgezeichnet.
1910 Erster Dieselmotor für Kraftwagen. Karl May: Winnetou. Käthe Kruse: lebensechte Puppen. Claude: Neon-Glimmlicht. Hartmann: Photometer für Helligkeitsmessungen.	Thoma: »Erster Klasse«. 100 Jahre Oktoberfest. Theatermuseum in München (Clara-Ziegler-Stiftung). Weltuntergangsstimmung durch Erscheinen des Halley'schen Kometen.	Beginn des Lokalbahnbaues Dachau–Altomünster. Alle Haushaltungen an das Dachauer Wasserleitungsnetz angeschlossen. Fritz Scholl († 1952) und August Kallert († 1958) lassen sich in Dachau nieder.
1911 Amundsen als erster am Südpol. Pfadfinder in Deutschland.	90. Geburtstag des Prinzregenten. Thoma: »Lottchens Geburtstag«, »Der Wittiber«. Alpines Museum und Tierpark Hellabrunn in München eröffnet. Fernflug München–Berlin durch Hirth und Garros, Rekordflughöhe 3 900 Meter. † August Schichtl, Schausteller.	Dachauer Moos umfaßt noch etwa 18 000 Hektar. * Heinrich Junker, Landrat und Bayer. Staatsminister. Dachplattenbrennerei aus der Römerzeit bei Biberbach ausgegraben.
1912 Deutscher Kolonialbesitz: 3 Millionen Quadratkilometer. Brit. Passagierdampfer Titanic sinkt bei Jungfernfahrt. Farbige Büste der Nofretete gefunden. Kaplan: Propellerturbine mit regelbaren Schaufeln. Nichtrostender Krupp-Stahl. Erste deutsche Luftpost. Erster Fallschirmabsprung vom Flugzeug.	† Prinzregent Luitpold; Nachfolger als Verweser dessen Sohn Ludwig. Thoma: »Magdalena«. »Blauer Reiter«, Zeitschrift des Münchner Kreises der Expressionisten. Karwendelbahn Innsbruck–Mittenwald. Karl Valentin dreht seine ersten Filme. Bayer. Luftwaffe.	Eröffnung der Bahnlinie Dachau–Indersdorf. Panoramakarte im Dachauer Schloßgarten von E. O. Engel. Max Feldbauer läßt sich in Dachau nieder, bis 1922. Erste Fußballmannschaft des TSV 1865. Rauchclub »Gemütlichkeit« Indersdorf.
1913 Albert Schweitzer in Lambarene. Geiger: Zähler für energiereiche Strahlen. Musikübertragung durch Lautsprecher in USA. Einführung des Fließbandes bei Ford.	König Otto wird als König abgesetzt. Prinz Ludwig wird als König Ludwig III. vereidigt. † Gabriel von Seidl, Baumeister. † Rudolf Diesel (ertrunken).	Eröffnung der Bahnlinie Indersdorf–Altomünster. † Ignatius Taschner, Bildhauer. Dachauer Handwerker gründen die Volksbank unter dem Namen Gewerbekasse Dachau.
1914 Österr. Thronfolger Franz Ferdinand und dessen Gattin bei Attentat in Sarajewo getötet. Beginn des Ersten Weltkrieges. Schlacht bei Tannenberg. Panzerkampfwagen in England entwickelt. Eröffnung des Panama-Kanals (im Bau seit 1879). Papst Benedikt XV., bis 1922.	Mobilmachung der bayer. Armeen. Kriegskreditbank in München gegründet. Am 27. August 1914 werden die ersten Verlustlisten der bayerischen Armee veröffentlicht.	Gründung der AOK Dachau. Otto († 1919) und Aranka Wirsching († 1965) kommen nach Dachau. Der erste gefallene Kriegsteilnehmer aus Dachau ist Peter Menter († 12. 8. 1914 bei Badonvillers).
1915 Gaskrieg; verschärfter U-Bootkrieg; Luftschiffe greifen London an; erster Luftangriff auf Paris. Italien erklärt Österreich den Krieg (Isonzo-Schlachten beginnen). Allgemeine Relativitätstheorie von Einstein. Ganzmetallflugzeug von Junkers.	Lebensmittelmarken werden eingeführt. Biereinsparung. Sammelstellen für Altmetall.	Auch in Dachau allgemeine Teuerung seit Ausbruch des Weltkriegs. Fürsorgetätigkeit der Marktgemeinde Dachau für die bedürftigen Familien der in das Feld gezogenen Krieger.

Aus aller Welt	Aus Bayern	Aus dem Amtsbezirk Dachau und Umgebung
1916 Schwere Kämpfe um Verdun; Somme-Schlacht; Gelbkreuzgas; Einführung von Gasmaske und Stahlhelm in dt. Heer; Bildung deutscher Jagdfliegerstaffeln; Seeschlacht vor dem Skagerrak. † Kaiser Franz Josef von Österreich-Ungarn, Nachfolger Karl I. bis 1918. Sauerbruch konstruiert bewegliche Prothesen.	† König Otto v. Bayern. Thoma: »Die kleinen Verwandten«, »Heilige Nacht«. Starkbier darf nicht mehr gebraut werden, Kirchenglocken werden beschlagnahmt, Aluminiumpfennige werden ausgegeben. Erster Luftangriff auf München. BMW gegründet.	Errichtung einer Pulver- und Munitionsfabrik in Dachau (später »Deutsche Werke«). Paula Wimmer († 1971) und Karl Prühäusser († 1956) kommen nach Dachau. Beginn der Glonn-Regulierung.
1917 Hungersnot in Deutschland. USA erklären Deutschland den Krieg. Februar-Revolution stürzt Zarentum in Rußland; Lenin und Trotzki errichten nach November-Revolution Sowjetrepublik. DIN-Normenausschuß gegründet. Universum Film AG (Ufa) gegründet.	Michael von Faulhaber, Erzbischof von München–Freising bis 1952. Eugenio Pacelli (später Pius XII.) wird Nuntius in München und Berlin. Wohnungszwangswirtschaft eingeführt. Große Kälte und Kohlennot.	August Pfaltz, Kunstmaler, † 17. 1. 1917. Grab des Kunstmalers Heinrich Gogarten wird aufgelassen.
1918 Präsident Wilson verkündet ein Friedensprogramm der »14 Punkte« mit Selbstbestimmungsrecht der Völker. Revolution in Deutschland. Waffenstillstand von Compiègne. Österreich-Ungarn zerfällt. Gesamte Kriegskosten 730 Milliarden Goldmark. Kaiser Wilhelm II. geht ins Exil. Erste Hubschrauberflüge.	Kurt Eisner erklärt Ludwig III. für abgesetzt. Am 7. November Gründung des »Freistaates Bayern«. Thoma: »Altaich«. »Fleischlose Wochen.« Verordnungen gegen Preistreiberei.	Josef Pfadtisch, Leiter des Finanzamtes. Die Marktgemeinde Dachau hat am Ende des Ersten Weltkriegs insgesamt 161 Gefallene zu beklagen. Allein am 11. 5. 1918 wurden neun und am 25. 5. fünf Todesanzeigen gefallener Krieger im »Amper-Bote« veröffentlicht. Gründung eines Dachauer Arbeiter-, Bürger- und Bauernrats.
1919 Nationalversammlung: Weimarer Verfassung. Ebert wird erster Reichspräsident. Reichsflagge: Schwarz-Rot-Gold. Friedensvertrag von Versailles. Deutschland tritt Gebiete ab und verliert seine Kolonien. Selbstversenkung der dt. Flotte bei Scapa Flow. Südtirol kommt an Italien. Erster Ozeanflug von Neufundland nach Irland (Alcock/Whitten-Brown). Motorroller von Krupp. Alkoholverbot in den USA bis 1933.	Kurt Eisner ermordet. Zentralrat der Arbeiter-, Soldaten- und Bauernräte ruft Räterepublik aus, wird durch Reichswehr und Freicorps beseitigt. Bayer. Regierung Hoffmann kehrt nach München zurück. Verfassung des Freistaates Bayern am 15. September in Kraft. Thoma: »Erinnerungen«.	Kämpfe zwischen »Roten« und »Weißen« bei Dachau. Franz Xaver Böck, Dachauer Bürgermeister bis 1925 († 1944). Erste Kunstausstellung im Schloß durch die neu gegründete »Künstlergruppe Dachau«. Wilhelm Neuhäuser († 1960) und Walther von Ruckteschell († 1941) kommen nach Dachau. Schützenverein »Germania« in Prittlbach und Arbeiterwohlfahrt in Dachau gegründet. Erster »Sanka« der Freiwilligen Sanitätskolonne Dachau.
1920 Knapp-Putsch. Jazz kommt nach Deutschland. Weltrekord im Höhenflug 10 093 Meter.	Gustav v. Kahr, Bayer. Ministerpräsident. Bayer. Staatsbahn und Post wird dem Reich einverleibt. Bergwacht gegründet. † Ludwig Ganghofer. † Lena Christ. † August Friedrich v. Kaulbach, Maler, um 1885 in Dachau.	Dr. Christian Roth, Bezirksamtmann, bis 1922. Erstes Künstler-Faschingsfest. Henry Niestlé († 1966) kommt nach Dachau. Hermann Böcker († 1978) beginnt als »Moormaler« im Dachauer Moos zu arbeiten. Sportverein Petershausen gegründet.
1921 Abstimmung in Oberschlesien (Teilung zwischen Polen und Deutschland). Sonderfriede zwischen USA und Deutschland. Bergius: Synthetisches Benzin aus Kohle. † Enrico Caruso. Avus-Rennbahn in Berlin. Bubikopf kommt auf.	† König Ludwig III. im Exil. † Ludwig Thoma. Erzbischof von Faulhaber zum Kardinal ernannt.	Dr. Hans Kohler, Obermedizinalrat bis 1926. Veteranenverein Großberghofen. Wurstfabrikant Wülfert baut Schießstättbrauerei in Wurstfabrik um. Erste Frau im Dachauer Gemeinderat: Martha Wittmann. Gedächtnisfeier für Ludwig Thoma in Oberbachern. Lebensmittel-Hilfskomitee für Minderbemittelte im Bezirk gegründet. Zahlreiche Enthüllungen von Kriegerdenkmälern im Bezirk.
1922 376 politische Morde in Deutschland seit 1919 (1922 Rathenau). Deutschlandlied wird Nationalhymne. Mussolini Ministerpräsident in Italien. Papst Pius XI. bis 1939. Alfredo Codona gelingt dreifacher Salto von Trapez zu Trapez.	Republikschutzgesetz in Deutschland bringt Konflikt mit Bayern. † Robert v. Haug, Maler, von 1885–1922 in Dachau. Deutsche Gewerbeschau in München mit drei Millionen Besuchern. Reichspräsident Ebert besucht München. Auf dem Oktoberfest kostet 1 Maß Bier 50 Mark, 1 Hendl 500 Mark. 6facher Raubmord im Einödhof Hinterkaifeck, Bez. Schrobenhausen (bis heute nicht aufgeklärt).	Dr. Leonhard Decker, Bezirksamtmann bis 1927. Carl Thiemann baut sein Haus in der Künstlerkolonie (bis heute unverändert). Hauptversammlung der Deutschen Gesellschaft für Gartenkunst in Dachau. Filmaufnahmen in Etzenhausen der »Emelha« (Münchner Lichtspielkunst) mit 5 700 Teilnehmern. Szenen einer mittelalterlichen Schlacht werden gedreht.

Aus aller Welt	Aus Bayern	Aus dem Amtsbezirk Dachau und Umgebung
1923 Ruhrbesetzung durch Frankreich. Höhepunkt der Inflation: 1 Dollar = 4,2 Billionen Mark. Einführung der Rentenmark. Erste Rundfunksendung des deutschen Unterhaltungsrundfunks.	Hitler-/Ludendorff-Putsch in München. Erstes dt. Fernwähler-Fernamt in Weilheim. Tierpark Hellabrunn muß aus Finanzgründen seine Tiere verkaufen und wird geschlossen. Inflation: 1 Maß Märzenbier kostet am 9. 11. 72,8 Milliarden Mark. Das Oktoberfest fällt aus.	Äußerste Notlage der Dachauer Bevölkerung durch den Höhepunkt der Inflation. Neue vorgeschichtliche Funde und Auffindung von Grabhügeln im Dachauer Land.
1924 † Lenin, Nachfolger wird Stalin. Erste Funkausstellung und erste Automobilausstellung in Berlin. Erste Olympische Winterspiele in Chamonix. Zehnmillionstes Ford-Auto.	Konkordat mit Bayern. 160 Meter Tauchtiefe wird im Walchensee erreicht. Dr. Heinrich Held, Bayer. Ministerpräsident bis 1933. Hochverratsprozeß gegen Hitler und Ludendorff. Erste Rundfunksendung in München.	Ludwig-Thoma-Gemeinde in Dachau gegründet. Bittere Not in Dachau: amerik. Quäkergesellschaft verabreicht Kinderspeisung; Vinzenziusverein organisiert Brotopfer; »Schleichhandel« blüht. Nationale Wahlgemeinschaft erringt in Dachau Rathausmehrheit. Maler Willy Dieninghoff kommt nach Dachau.
1925 † Friedrich Ebert, erster Reichspräsident der Weimarer Republik, Nachfolger wird Hindenburg. Konferenz von Locarno führt zu Abmachungen im Interesse der Friedenssicherung des Nachkriegseuropas. Charleston wird Gesellschaftstanz. Erstes Modell der Leica fördert entscheidend Kleinbildphotographie. Taillenlose Frauenkleidung, kniefreie Röcke und Topfhüte.	Deutsches Museum mit Zeiss-Planetarium eröffnet. Deutsche Verkehrsausstellung auf der Theresienhöhe. Walchenseekraftwerk fertiggestellt (seit 1918 im Bau). Größte Orgel der Welt im Passauer Dom.	Georg Seufert, erster berufsmäßiger Bürgermeister von Dachau. Bau der Berufsfortbildungsschule. Eröffnung des Familienbades. Nuntius Pacelli besucht Dachau. † Franz Mondrion, Herausgeber des Amper-Bote, setzte sich stark für den Bau der Lokalbahn ein. Schwimmverein Dachau, Motorsportclub Dachau gegründet.
1926 Friedensnobelpreis an Briand und Stresemann. Deutschland im Völkerbund (tritt 1933 aus). Hirohito Kaiser in Japan. Amundsen/Nobile: Flug mit Luftschiff »Norge« Spitzbergen–Nordpol–Alaska. Byrd: Flug Spitzbergen–Nordpol und zurück. Berliner Funkturm. Deutsche Lufthansa gegründet.	Stigmatisierung der Therese von Konnersreuth.	Landwirtschaftsschule eröffnet. Streit um Familienbad: Badeverordnung des Marktgemeinderates bestimmt Trennung von Männern und Frauen. Überschwemmung im Glonntal.
1927 Pflichtversicherung gegen Arbeitslosigkeit in Deutschland. Erster erfolgreicher Tonfilm in den USA (Der Jazzsänger). Charles A. Lindbergh überfliegt Nordatlantik in West-Ost-Richtung. Eröffnung des Nürburgringes. Leuna-Benzin aus Braunkohle.	Erste Lichtsignalanlagen zur Verkehrsregelung in München. Großes Eisenbahnunglück am Ostbahnhof, 23 Tote und 95 Verletzte.	Karl Nachtigall, Bezirksamtmann. Dr. Emmeran Hingsamer, Obermedizinalrat. »Künstlervereinigung Dachau« (KVD) gegründet. Prof. Stockmann wird Ehrenbürger von Dachau.
1928 Fleming entdeckt Penicillin. Erfindung des Fernschreibers. Vorführung von drahtlosem Fernsehen in Berlin. Köhl, Fitzmaurice, v. Hühnefeld überqueren Atlantik in Junkers-Flugzeug von Ost nach West. Versuche mit Opel-Raketenwagen.	† Franz v. Stuck, Maler. Josephine Baker erregt im Dt. Theater mit »Bananenröckchen« sittsames Publikum. Tierpark Hellabrunn wiedereröffnet.	Dr. August Kübler veröffentlicht das Buch »Dachau in verflossenen Jahrhunderten«. Bau der steinernen Amperbrücke in Dachau mit Christophorus-Figur des Bildhauers Ruckteschell. TSV Haimhausen, TSV Hilgertshausen.
1929 † Außenminister Stresemann. Kursstürze an der New Yorker Börse lösen Weltwirtschaftskrise aus. Tonfilm setzt sich allgemein durch. Weltumfahrt des Luftschiffs »Graf Zeppelin« unter Eckener.	Ernst Henne fährt auf 750 ccm BMW-Motorrad Weltrekord mit 216,75 km/h. Flughafen Oberwiesenfeld für zivilen Luftverkehr eingerichtet.	Letzte Leonhardifahrt zur St.-Leonhards-Kirche in Pasenbach. Kriegerdenkmal bei St.-Jakobs-Kirche eingeweiht. * Dr. Hubert Pestenhofer, Dachauer Landrat von 1963 bis 1978. Schützengesellschaft »Lindenblüte« in Wollomoos, TSV Schwabhausen.
1930 4,4 Millionen Arbeitslose in Deutschland. Max Schmeling erster nichtamerikanischer Boxweltmeister. Strahltriebwerk von Schmidt. Beginn einer systematischen Lärmbekämpfung.	Im Deutschen Museum wird der erste Fernsehapparat der Welt aufgestellt.	† Franz Xaver Taubenberger, Pfarrer von St. Jakob, Nachfolger wird Prälat Friedrich Pfanzelt, bis 1958. Tierasyl in Karlsfeld gegründet. Maler Otto Fuchs kommt nach Dachau. *Dr. Lorenz Reitmeier, Dachaus erster Oberbürgermeister.

Der herzliche Dank des Autors und des Verlages gilt nachstehenden Personen und Familien aus dem Dachauer Land, die uns aus ihrem Privatbesitz großzügig Photos zur Reproduktion und zur Veröffentlichung überließen:

Thomas Bertold, Vierkirchen; Rosina Betz, Feldgeding; Familie Brandl, Dachau; Maria Böswirth, Dachau; Familie Czelinski, Dachau; Rudolf Diehm, Dachau; Familie Eixenberger, Dachau; Elfriede Fiecker, Karlsfeld; Familie Fiederer, Dachau; Max Gäringer, Sigmertshausen; Matthias Gäringer, Dachau; Emilie Geißler, München; Familie Glöggler, Dachau; Familie Götschl, Markt Indersdorf; Familie Grahammer, Eisenhofen; Michael Großmeier, Dachau; Familie Gronegger, Roßbach; Anna Haegler, Dachau; Familie Hank, Esterhofen; Familie Hardwig, Dachau; Familie Hechtl, Weichs; Lorenz Hefele, Röhrmoos; Josef Heigl, Dachau; Kaspar Hierner, Vierkirchen; Rudolf Hillreiner, Eichhofen bei Indersdorf; Familie Holzapfel, Eisenhofen; Henrik Hüller, Dachau; Graf von Hundt, Unterweikertshofen; Familie Hutter, Großberghofen; Familie Jäger, Haimhausen; August Kiening, Feldgeding; Gustav Kiening, Prittlbach; Max Kislinger, Petershausen; Familie Kollmannsberger, Indersdorf; Familie Koschade, Dachau; Hermann Kotzbauer, Dachau; Edeltraut Kretschmer, München; Familie Krimmer, Ottmarshart; Familie Kröner, Langenpettenbach; Anna Kürzinger, Dachau; Familie Lutz, Welshofen; Familie Märkl, Dachau; Familie Markel, Ziegelberg; Familie Mayer, Riedenzhofen bei Röhrmoos; Katharina Mayer, Ottershausen; Hermann Meier, Hebertshausen; Familie Meister, Dachau; Familie Obermeier, Dachau; Familie Perchtold, Lotzbach; Familie Peren, Dachau; Katharina Polzmacher, Dachau; Heinrich Rauffer, Dachau; Familie Reindl, Eisenhofen; Hans Scheck, Hebertshausen; Familie Scherm, Dachau; Familie Schiela, Dachau; Familie Schmidl, Sigmertshausen; Familie Sedlmaier, Durchsamsried; Familie Sixt, Dachau; Franz Solleder, Dachau; Familie Spannraft, Dachau; Maria Taut, Karlsfeld; Familie Traunfelder, Kreuzholzhausen; Familie Trinkl, Dachau; Familie Unsin, Eisenhofen; Josef Vogel, Riedenzhofen bei Röhrmoos; Familie Wallner, Haimhausen; Familie Welsch, Dachau; Familien Widmann und Heidenberger, Dachau; Familie Windele, Dachau; Familie Wurm, Dachau.

Für ihre besondere Unterstützung bzw. die Abdruckgenehmigung danken wir:

Herrn Dr. Horst Heres, der Vorstandschaft und den Mitgliedern des Museumsvereins Dachau e.V.; Herrn Oberbürgermeister Dr. Lorenz Reitmeier und der Stadtverwaltung Dachau; Herrn Landrat Hansjörg Christmann und dem Landratsamt Dachau sowie Herrn Verwaltungsrat Richard Zellner; dem Bayerischen Hauptstaatsarchiv München, Abt. IV Kriegsarchiv; der Stadtbibliothek München, Handschriftensammlung, Herrn Richard Lemp; der Gemeindeverwaltung Haimhausen, Herrn Bürgermeister Deger; der Gemeindeverwaltung Röhrmoos, Herrn Bürgermeister Blessing; Frau Prof. Dr. Ottilie Thiemann-Stoedtner, Dachau; der Liedertafel Dachau e.V.; dem Volkstrachtenerhaltungsverein »D'Ampertaler«, Dachau; der Kreisbildstelle, Dachau; dem Fotostudio Paul Sessner, Dachau; dem Photoatelier Baumann, Altomünster; dem Photoatelier Albert v. Hofmann, Dachau; Herrn Dr. Gerhard Hanke, Dachau, Herausgeber der heimatkundlichen Vierteljahresschrift »Amperland«; und dem Ullstein-Verlag, Berlin. Weiter danken wir allen nicht namentlich aufgeführten Personen, Vereinen und Institutionen, die aus technischen Gründen nicht mehr abgedruckt werden konnten, die aber unsere Arbeit durch Überlassung von Bildmaterial oder durch wertvolle Hinweise bei den Recherchen unterstützten.

Inhaltsverzeichnis

Einleitung	7
Bildteil	9
Zeittafel	149
Quellenangaben	159